断弦谁与听

中国农业科学院北京畜牧兽医研究所 ◎ 编

中国农业出版社

北　京

简　历

　　张子仪，男，1925年出生于山西省临猗县。著名动物营养学家，我国饲料营养学的学术带头人，多年来主要从事饲料资源开发及动物营养方面的科研工作。1948年毕业于日本京都大学农学部；1948—1952年在该大学研究生院攻读动物营养学，并被聘为外国人特别研究员；1952年回国；1984年被中国农业科学院研究生院聘为博士研究生导师；1997年当选中国工程院院士，翌年被选为中国工程院科学道德建设委员会委员；1980—2009年担任第七、八届全国政协委员，全国政协经济委员会委员，以及国务院学位委员会委员、农业部历届专家顾问和科学技术委员会委员、国家环保总局战略咨询委员会委员、中国饲料工业协会副会长、中国畜牧兽医学会动物营养学分会会长、《动物营养学报》主编、动物营养学国家重点实验室学术委员会主任，并兼任国家有关职能部门、学会、协会的顾问等。"六五"至"七五"期间，他组织全国同行承担有关饲料与动物营养科学领域的国家、省及有关政府职能部门的攻关项目多项，《中国饲料成分及营养价值表》等研究成果先后获得国家级、省部级科学技术进步奖约20项（主持15项），1998年获中华科教基金特殊贡献奖。

目 录
CONTENTS

一、过客轶事

张子仪

日月如梭，风云开阖，恓惶间已近耄耋。烟云往事，多的是蹉跎、毁败。屡逢媒体约撰"故事"，辄托词谢过。顷闻学子中好事者拟代撰生平，方知大限将至，想来还是自了的好。乃应出版社之约，趁头脑尚清醒时写些走麦城故事。拟不存"贾雨"，不隐"甄士"，以供来者评说。

"按图索骥"负笈东瀛

笔者18岁考入北海道大学预科农类[1]。该大学位于札幌市北，乃日本莘莘学子向往之名校，简称为"北大"。入学后住惠迪寮[2]3年。建校初期，曾聘美籍学者W. S. Clark教授任教头执导，留有"Boys be ambitious"（学子须怀大志）之校训，传颂至今。20世纪40年代正值日本军国主义当道，但在该校学子中的反战情绪已隐现于无声处。图书馆资料相当齐

---

[1] 日本学制系小学5年，中学5年，高等学校（High School）3年；大学预科与高等学校同级，相当于中国的高三至大二。

[2] 寮：日语，学生宿舍。该寮始建于日本明治九年（1876年），系该校前身札幌农校旧寮址。

全，甚至有《四书》《五经》《国译汉文大成》《鲁迅全集》（日译），乃至《资本论》《欧美史》均可自由借阅。倡尼采"超人"说[1]，拜天照大神（日本历史中最早的天皇），崇福泽谕吉、夏目漱石，崇儒学，但悉王阳明者多，悉二程、朱熹者少。

当时校生崇尚披发、油帽、斗篷、高屐。入肆宛若"浪人"，每以"窃"得餐馆牌匾、食具为荣；失者定期径自收回，并频频致谢，并不视为偷窃行为。另有称为"Storm"（风暴）与"狮吼"之恶作剧察风。前者一般于午夜发起，全寮出动，在寮内赤身狂舞，通宵达旦，翌日罢课；而后者则系即兴发泄，处处时时可闻，并不为同寮人谴责，校方亦听之任之。世代相传竟成一种"文化"。

寮规高度自治，干事会当权，经费自负盈亏，前辈、后辈等级森严。新生必须通过"宣誓式""钝（蠢）才会"两关；而毕业生则又须通过"秀才会"，任凭后辈百般"戏谑"，始鸣金过关。此类校风在日本其他高校中也相传甚广，虽形式各异，但实质异曲同工。无政治、宗教色彩，亦未见泄私愤或借机中伤个人者。溯其源不详，论其旨费解。一说是欲擒故纵，令学子发泄但不越底线；一说通过放肆，诱发学子敢想、敢干学风。此两关笔者均领教过，确与我国传统情操教育方式大相径庭。年事稍长，每溯及札幌往事，深感笔者在青壮年时期的盲动与狂躁莫不与此段人生阅历有关。其益在自信、敢拼；其损在主观、鼓躁。年逾八旬改也难矣！

1945年春由"北大"转校至日本京都大学，1948年毕业后进入该

---

[1] 尼采，指弗里德里希·威廉·尼采（Friedrich Wilhelm Nietzsche，1844—1900），德国人，反传统主义者。称苏格拉底和柏拉图是懦弱、盲从、"衰落的征兆"，批卢梭是"理想主义者兼贱氓的双料货"，批康德是"畸形的概念残废人"。倡"利己主义"。黑格尔死后13年尼采生，据史载尼采所倡"超人"（übermensch）说，即源于黑格尔的"世界历史人物"（如拿破仑、亚历山大大帝）。此说为希特勒所宣扬，并拨专款筹建尼采博物馆，成为纳粹意识形态中心。

校农学部研究生院攻读动物营养学。昔日日本滋贺县武奈岳东南麓至琵琶湖西北，风光秀丽，有"东方迈阿密（Miami）"之誉称，农舍毗连，处处皆鱼米之乡。惜该地区耕牛每至冬季则出现一种水土病（Kuwatse disease），通常症状出现后，牛毛呈波纹状，异嗜，草料不进，易地则愈。因当地幼儿有患氟斑牙者，于是对此怪症乃有"氟中毒"之说。适正攻读学位，承师命，经文献查证并遍察病区方圆百余里之水、土、母岩，设点定期取水、土、草料试样分析后，初步认定该病可能还与缺乏某种微量元素有关。病区小松村有老农小林者，甚好客，每取水、土、草样则悉数妥为保管，并协助搬运。历时载余，竟成忘年交。后经土壤、饲料、水质之微量元素化验及与钴对瘤胃微生物中的放线菌（Actinomyces, Act）消长规律检验结果分析，病牛极可能是由于缺钴而引起的恶性贫血症。据此，与小林翁约定，一旦发现病牛即请通报。适元旦后新雪，接电，谓："有大批耕牛相继发病。"实天赐良机，乃配制钴剂急赴现场诊救，皮下注射无效，但经口投药，果然神效。经上报，得到导师嘉奖，媒体报道后，顿时名噪"关西"[1]，村民纷纷为之请功。后经系统研究，此病确系因病牛瘤胃中能合成维生素 B_{12} 之 Act 由于缺钴而不能正常繁衍，进而导致维生素 B_{12} 在瘤胃中之合成机制受阻，遂呈恶性贫血所致。

　　1980年笔者应日本畜产学会之邀请，在京都大学做关于"中国畜牧科研与生产现状"之报告。会后，导师上坂章次教授尚健在，曾邀当年校友聚京都三岛亭，飨以"神户牛肉"。席间获悉Kuwatsu病由当年校友福岛丰一先生继续研究，并获博士学位。嗣后从福岛丰一先生赠笔者有关论文中得知，此病除在滋贺县发生外，在日本国的岛根、广岛、山口、香川、爱知等县均有发生。对病理的研究亦有新进展，不赘。

---

[1] 在日本，京都、滋贺、名古屋、大阪一带，统称"关西"，东京、横滨、横须贺称为"关东"。

60年过去，每念及此，辄反思动物营养学，是一门探讨40多种营养要素与机体内外环境的多因子互作而引起的动态平衡机制的科学，特别是瘤胃微生态更是一个极其复杂的黑箱。从个人得失出发，即使继续"按图索骥"不过凭添一个"博士"头衔，不可能有更大作为。幸得响应祖国之号召，重新自我设计以慰千万同龄人或冤死敌狱或捐躯疆场者在天之灵。此乃人生无悔之起步。

五里雾中，上下求索

1952年夏，笔者回国。10月，被华北农业科学研究所聘用。是年初冬，踌躇满志，只身西装革履，径赴张北，考查草情。始至坝上，突遇寒流，敞篷车中挨冻半日，卧病旬余，无奈抱病徒手而归，此实书生初出校门后首战败阵之一大憾事。

1953年秋，主持在晋、鲁、豫推广收获后玉米秸秆青贮技术[1]，以解决耕牛青黄不接时的饲草问题。始，得各级地方对口部门的支持，继而在各地遍地开花，形势大好。1954年春，青黄不接时启窖检查无一失败，群众连连称好。但1954—1955年再度奔赴各地现场检查时，每况愈下。论措施无不当，论技术全过关，然则不能坚持者何也？实情是霜冻前小麦需顶凌播种，玉米不干不收，两者皆系当年"以粮为纲"之择重，青贮技术需为"粮"让路之必然。反思当年曾推广诸多"先进技术"之所以虎头蛇尾，盖皆源于不谙国情国事，亦索图未必能获良骥之范例。

1954—1955年笔者接受农业部、粮食部下达的"砻糠喂猪饲料营

---

[1] 青贮技术系将收获玉米籽实后的半干新鲜秸秆切碎后掩埋厌氧发酵的保鲜技术。在欧美有数百年历史，为饲养奶牛的常规技术措施。处理得当，秸秆可多年不变质。启窖后，可提供牛、羊多汁饲草，有"草罐头"之誉称。

养价值评定"任务。砻糠名为糠，实为粉碎后的稻壳，对家畜无实际营养价值，尤不宜做猪饲料，在群众中有"刮油糠"之贬称。接此任务实为扫盲之举。当时，章乃器任粮食部部长，多次约见笔者，询问推广稻壳喂猪之可行性，乃晓之以饲料营养科学基本知识，并陈稻壳加工成粉耗电量大、损耗机械成本高、得不偿失等建议。始，章亦首肯，欲阻谎情。奈当时农、粮两部主要决策者意见分歧，加之媒体炒作，而部分地方领导大力支持，章老亦出于对人民负责之精神，仍会同农业部拨专款委托笔者主持做生产调研及系统试验。历时两载，结果如始所料[1]。1957年章老蒙冤，划"右"。"砻糠"继续出笼，劳民伤财，凡十余载。直至"六五"初期，有些粮食加工厂仍以"二八糠""三七糠"，甚至某部颁发"混合饲料部颁标准"为"坑农饲料"开绿灯。"六五"后期，国家经委饲料工业办公室与全国饲料工业标准化技术委员会相继成立，政府才明文规定"禁止'砻糠'作为饲料出售"。劳民伤财历时约半个世纪。某年在专业会上与老战友邂逅，溯及当年旧事，犹感扫盲工作之艰辛与无奈。苏轼云："人无所不至，惟天不容伪。"善哉斯言也！

蹉跎岁月，翻身道情

　　"文化大革命"初期，按"文革十六条"规定，运动重点是"党内走资派"。笔者被列入运动后期处理对象。及至"清理阶级队伍"时，笔者仍以"特嫌""漏网右派"为由被圈入"牛棚"凡半载。后以"事出有因，查无实据"获释。

---

1 时笔者主持农（农业部）、粮（粮食部）两部砻糠喂猪可行性研究工作，协调两部、两厅（浙江省农业厅、粮食厅）、两所（华北、浙江农科所）科技组工作。1954—1955年在浙江宁波、余姚、绍兴等地调查并在嵊县农场（最早提供谎情的试验农场）进行多次试验结论一致，认为不仅无效而且被农民贬为"刮油糠"。

1969年国庆节过后突接研究所军代表传达"一号令"，限笔者全家3日内离京。指令夫妻分别下放所属部门干校，违者如何如何。彻夜"备战"，桌椅床柜，不在话下，变卖书籍，心如刀割。及抵"干校"，独携幼子下宿仓库草堆之一角，环视同仓人皆系"另册"中"人物"。"开学"伊始，校领导训令"尔等如胆敢乱说乱动，一定奉陪到底"云云。干校劳动"日出而作，日落而息"，看过了不少韬晦高手，也赞叹其随遇而安之达观心态，人称"鹅卵石"外圆而内坚，此之谓乎。

　　1969年冬，接指示，以"见鬼论"为由，畜牧所继续下放青海。笔者属"前科""黑五类"，再次下放柴达木盆地，定居德令哈镇。至此，前后搬迁11次，在柴达木盆地基层工作凡9年。幸在当地与群众相处甚笃，尤与少数民族接触过程中，均能以人的尊严平等相处，悠然建立起对衣食父母感激之情。工作是轻松而简单的，一言以蔽之，曰："杂。"免去了"早请示""晚汇报"流程。业余自由度很大，读书、学习比在北京时多了许多自由，也趁机了结了往日夙愿。

　　令人难以释怀者，应从"藏毯"说起。藏毯闻名世界，有些精品价值可以与明瓷媲美。藏毯原料是"西宁毛"，西宁毛产自青海藏系绵羊，在国际上素享盛誉，在天津加工成毛条后，出口甚俏。

　　20世纪70年代，我国毛纺工业半细毛奇缺，停工待料。有人提出将青海省藏系羊改为半细毛羊[1]。对此方案，业内人士均持异议。但当时决策者听从一面之词，引进"洋种"，盲目上马。最早是从苏联引进茨盖种羊，动员牧民对本地羊进行杂交改良，效果不佳；继而在"文化大

---

[1] 半细毛是一种毛的细度在48～56支纱的高档均质羊毛，术语为"同质毛"，比细羊毛(60～66支纱)昂贵，主要用于纺织毛衣、毛线、大衣呢及工业专用毛毯，我国无半细毛羊品种。生产半细毛比生产细毛的要求还要高，特别是纺织工业在细度、强度、弯曲数、干死毛等指标方面对羊毛质量要求更严。从柴达木盆地的草地资源及高寒气候条件分析，我国不适合发展半细毛羊。

革命"期间又从澳大利亚重金购入罗姆尼玛什种羊[1]进行杂交。笔者曾专门请教知情专家后向科委领导多次说明原委，建议重新论证。碍当时人微言轻，未予采纳，并被批曰："你对青海羊毛无感情。"日后由于青海省改良毛质量参差不齐，影响津、沪纺织业产品质量，在牧、商、工各环节间经常发生争执，纺织工业部乃下达了"制定青海省半细毛的质量标准"之任务。笔者曾受命主持该项目中的技术工作及羊毛收购任务。

1972年夏，在牧区现场历时数月完成100吨"半细羊毛"之收购任务，分别运往津、沪两市毛纺行业，个中地方基层条块关系之协调、盆地蚊虫之疯狂、人畜共患病缺医少药等细节姑且不表。日后了解，历时两载完成的纺织工业部颁布的《青海省工业用半细羊毛质量标准》，除笔者在津、沪两市毛条厂及毛纺厂"跟班劳动"试纺试行外，形同虚设，基本上未能贯彻执行。

1973年笔者"调防"，至此便再未与该行业接触。15年后以全国政协委员身份重返柴达木盆地考察时，草情更不如往昔。羊秋肥、冬瘦、春死现象比往日尤甚，劣质"半细毛"无市场，羊改工作每况愈下，"毛用羊"多回归为"肉用羊"。昔日羊改工作成果基本上付诸东流，当与昔日战友座谈时，均感伤无奈以对。

盆地牧民不谙养猪，随着内地居民西迁，猪肉需求量增长。1976年奉命往乌兰县宗务隆公社，协助生产队筹建猪场。"三同"两载，初具规模，猪肉上市，供不应求，颇得各界赏识。某日笔者正在猪场劳动，被告知："谭政委来点视察。"时，谭启龙任兰州军区（于2016年裁撤）政委兼主持青海省政。未久，各级领导、新闻记者簇拥而至。谭问及农

---

1 罗姆尼玛什绵羊是在澳大利亚优质牧草基地与舍饲结合条件下育成的半细毛羊专用品种。其毛长14厘米，强度高。罗姆尼玛什羊腿短，不善爬坡，尾随藏系羊采食剩草，下坡后又尾随饮浑水，最后导致种种营养疾患。出现种种饥饿型半细毛，在纺织时易断、纱线强度弱，因此改良毛滞销。

情农事，具详汇报，相谈甚笃。翌日青海省广播电台播出录音，继而有记者不断来访，工作条件大为改观，并配备助手。不久我被选为海西蒙古族藏族哈萨克族自治州政协委员，同年冬又当选青海省人大代表，会后由该州领导陪同，赴州属县、镇，传达省人大精神，大有"昔日阶下囚、今日座上客"之感。不久落实政策，重返中国农业科学院畜牧研究所。"残墙断壁"，犹若魇梦一场。

早春二月，乍暖还寒

"文化大革命"期间，笔者或下放劳动或在基层改造。在此期间，"糖化饲料"[1]"人工瘤胃"[2]"920"[3]等泡沫成果此起彼伏，旷日持久达10年。

回顾当时的经济发达国家，正集动物营养、饲料生产、医药卫生、食品加工等学科领域的科技于一体，综合应用于现代化养殖业及饲料工业的启动阶段，特别是在进入20世纪70年代以后，配合饲料生产技术的不断完善、饲料添加剂在配合饲料中的科学应用、计算机优化饲料配方软件的不断升级、畜禽新品种的更新换代及疫病防治技术等方面的科技进步与普及，使得养殖业的生产效率比20世纪初期提高了将近1倍。而我国当时正沉溺于"阶级斗争为纲"的"文化大革命"时期；"左"倾盲动，坐失良机，迫使全国人民生活所需肉、蛋、奶持续采取凭票供给制，长达30年之久。养殖业总体生产水平与世界水平相比，本来就很大的差距又进一步拉大。

---

[1] "糖化饲料"：曾在国内外推广，后经科学试验系作伪。

[2] 人工瘤胃：从牛瘤胃中抽出胃液与秸秆一起发酵即可节约粮食，经科学试验系作伪。

[3] 920：赤霉素（gibberelling）的商品名，一种植物生长激素。"文化大革命"中曾推广用于猪催肥药，以无效而终。

1978年"全国科学大会"召开，同年12月5日农林部科教局委托中国农业科学院在京召开了"万寿路会议"[1]，全国知名动物营养学专家、教授全部与会。这次会议正式澄清了"将现代动物营养科学等同为'资产阶级科学'"的认识误区。继而经民政部批准，酝酿已久的全国畜禽营养研究会（现为"中国畜牧兽医学会动物营养学分会"）成立，于1980年在武汉召开"第一届全国代表大会"[2]。我国动物营养科学奠基人许振英教授被选为会长，笔者被选为秘书长。学界称"万寿路会议"是"梦寐以求的翻身会"，而"武汉会议"则是"众志成城的动员会"。至此，我国动物营养科学才在农业系统大专院校正式设专业课。鉴于当时师资缺乏的现状，受农牧渔业部科教局的委托，连续5年在东北农学院由许振英教授主持，举办了全国畜禽营养师资讲座，先后培养讲师级教师或研究人员约500人。为解决当年教师人才断层问题创造了条件，目前学员中大多数已成为当前饲料工业及养殖业界的技术骨干等。笔者曾承担过有关饲料营养价值评定方面的教学及教材编写任务。当年所有授课教师均无报酬，学员的交通、食宿经费自理，教材则由教师自编、自印、自带，无偿发放。回顾当年工作，心情是舒畅的、人际关系是融洽的，师生共餐，气氛和谐，令人怀念。

"亡羊补牢" 重操旧业

　　"六五"初期返京，笔者重操旧业。时已年逾花甲，作为项目主持人，事实上已超科研最佳年龄。何去何从，有过恨晨光熹微，但亦有迷

---

[1] 万寿路会议：1978年12月5日农林部科教局委托中国农业科学院养猪研究所在京召开了"机械化、半机械化养猪、养鸡及饲料营养价值评定会议"。

[2] 武汉会议：中国畜牧兽医学会动物营养学分会前身"全国畜禽营养研究会"成立大会。笔者先后被选为秘书长、常务副会长、会长、名誉会长。

途未远之感。在柴达木盆地9年，虽利用业余时间"整理国故"[1]未尝懈怠，但仅可称之为"亡羊补牢"。其功在"补牢"，其过是"亡羊"。功过几几开，姑且留与后人评说。笔者在清理杂如乱麻的"文化大革命"前的原始科研资料时才发现，其中"信息垃圾"竟达87%。如饲料样品的采集方法不标准、命名不规范、描述不全是"通病"，同名异物者有之、同物异名者有之、张冠李戴者亦有之，明显差错也大量存在。笔者是当年该项目的主要组织者之一。笔者当时的素质差，可推诸种客观，但主观责任却是不能推卸的。每逢遇到原始资料中的成批"鸡肋"时，不仅为愧对当年协笔者们的心血而内疚，也为保守、盲从与"瞎指挥"而汗颜。尤其是在柴达木盆地基层孤立无援，亲自用计算尺、算盘、巴罗表整理核实资料时，才真正体会到当年协笔者们"汗滴禾下土"之艰辛与笔者"慷他人之慨"之浮躁。面对百废待兴之残局，唯一的选择是悟已往之不谏，从头收拾"旧山河"。

数据库是科技信息管理的重要现代化手段之一。1983年国务院电子办向中国农业科学院下达了"饲料数据库与饲料配方软件开发技术"之任务。若将该项目启动之日与国际饲料情报网中心（INFIC）[2]相比，约滞后12年；若与日本饲料数据库（JFIC）[3]相比则约滞后5年。为赶超日本、美国，把握时机，有所为有所不为具有历史意义。笔者接该任务

[1] "文化大革命"期间笔者从"垃圾"中抢救出了全国多年积累的科研资料。抵柴后得到了基层领导杨占海同志的理解与支持，筹措经费，始得以《海西科技》杂志1977年2期的专刊名义出版了《国产饲料营养成分价值表》。为"六五"期间中国饲料工业配制饲料配方及时地提供了急需的一手材料。拨乱反正后经过多次增订、修改，以畜牧研究所、中国畜牧兽医学会动物营养学分会名义由农业出版社再版。获国家奖。

[2] 国际饲料情报网中心（International Network of Feed Information Center, INFIC）：1971年，由美国哈里斯（L. E. Harris）教授发起，最早秘书单位设在美国犹他州的国际饲料研究所，以后"轮流坐庄"，分别设在荷兰、澳大利亚等国，当时全球有31个国家参加或支持该组织。

[3] 1980年笔者赴日考察，与日本农林水产省畜产试验场饲料数据库负责人堀井聪博士进行了交流。1983年又邀请堀井聪来华讲学。

时，正值计算机硬件、软件更新换代非常频繁的年代。INFIC的信息管理系统大而全，而JFIC则从日本生产实际出发，少而精。我国自然条件复杂，饲料品种繁多，机械地套用两者均不足取，必须另辟蹊径。当时国内的计算机硬件滞后、价格昂贵，软件人才奇缺、隔行。更困难的是，工作枯燥乏味，团队不稳，专项经费朝不保夕。中国饲料数据库（CFIC）在畜牧业领域是公益性基础研究项目。时运不佳的是"六五"期间决策者对"数据库、农业专家系统"的过分期许与青睐，与有些同行在争取项目时轻敌与急于求成，导致了"六五"后期泡沫成果的连锁曝光，大批同类项目又被滚动下马。城门失火，殃及池鱼，也导致了CFIC在"七五"期间的"失宠"。经过"三难关"[1]，幸被保留，但经费骤减。协作单位嗷嗷待哺，主持单位爱莫能助。为保全实力只得压缩战线，割舍旧情，苦撑待变。众所周知，任何领域的数据库都应属于"万年青"项目，但如不能全国协作一盘棋，形成网络，不能及时吐故纳新，最终将成为"废品库""垃圾箱"而被淘汰。

从国民经济看，一方面当时中国饲料工业与现代化养殖业正方兴未艾，蓄势待发；另一方面也面临着"内忧"[2]"外患"[3]并存的挑战。而年轻的中国饲料营养科学正处于从"一边倒"转向"洋拐棍"的困惑年代[4]。在许多领域因循守旧，盲目跟踪，不敢越雷池一步。如何吸取历史的教训、如何洋为中用但不唯洋、如何借鉴国际饲料分类原则与我国传统饲料分类惯例相结合，设计出既能反映中国饲料实体与饲

[1] 三难关：描绘当时向有关部委申报项目时的尴尬局面为"门难进、脸难看、话难听"。

[2] 内忧：标准化工作滞后，假冒伪劣饲料产品泛滥。

[3] 外患：指加入世界贸易组织后的绿色贸易壁垒，出口产品被频繁退赔。

[4] 一边倒：指20世纪50年代向苏联一边倒。洋拐棍：指照搬美国NRC（美国国家科学研究委员会）不定期发布的"畜禽水产营养需要量"。

料样本实体的信息管理体系十分关键。笔者[1]有幸通过冀一伦教授[2]邀请INFIC创始人哈里斯（L. E. Harris）教授来华亲授机宜。哈老来华时，年近古稀，随身带来了大量一手资料，为CFIC少走弯路提供了无价之宝。哈老的国际主义精神与科学态度是令人折服的。哈老在京时，下榻香山饭店，笔者朝夕相陪，无话不谈。当笔者冒昧提出中国饲料分类编码系统[3]构想与INFIC编码系统的异同点时，竟然意外地得到了他的首肯。哈老反以从中国实际出发的思想，告诫笔者不一定要循规蹈矩。哈老闻志广博而色不伐，具有创新思维的学风使笔者终生受益。经过20年来的实践，所幸现行CFIC饲料分类方案尚未出现烦琐、虚设"超限"或不兼容的个案。饮水思源，CFIC应给哈老与冀老补发"介子推"[4]奖。

当前，计算机技术的软件、硬件日新月异。在饲料营养信息内容方面也从常量到微量，从组成成分到不同内涵的生物学效价为支撑的动态数学模型方向发展，并从饲料实体信息向饲料样本主成分配套的方向不断补充、更新。因此，对CFIC的框架设计及信息管理系统的整体设计也不断地提出新的要求。尽管CFIC从1989年农业部批准之日起已连续20年向国内外发布最新版的《中国饲料成分及营养价值表》。在经费拮据的条件下，在为社会服务、人才培养方面进行了不懈的努力，并前

---

[1] 笔者当时曾受国家技术监督局及中国饲料工业协会聘任，兼全国饲料工业标准技术委员会副主任，分管技术工作。

[2] 冀一伦（1919—2014）：山西农业大学教授、反刍动物营养专家，是我国最早提出用迭代法优化饲料配方的先驱。著有《实用养牛学》《人生无悔》等，新中国成立前赴美留学，获硕士学位，师承国际饲料数据库创始人、美国犹他大学 L. E. Harris 教授。

[3] 中国饲料数据库编码系统是以国际饲料分类八大类为主类，以中、日、韩、法、加、德等国传统分类法16亚类为辅的饲料分类体系。在此基础上，考虑到今后几十年内我国新饲料资源还会不断涌现的可能，将INFIC第三级顺序位数从"000"改为"0000"，最后形成了以"0-00-0000"为基本形式的中国饲料数据库编码系统。

[4] 借用晋文公重耳与功臣介子推的故事。

后获得各种奖励[1]。但正如媒体对我国农业信息技术应用的评价，仍然是"硕果累累，典型多多，困难重重"，可能言重了些。但应该承认，苦练内功、与时俱进的任务是艰巨的，是任重而道远的。

几度兴衰，创新维艰

中国农业科学院畜牧兽医研究所动物营养代谢实验室始建于1962年，是在中共中央颁发《科学十四条》[2]、聂荣臻主持"广州会议"[3]的历史背景下，由农业部特批兴建。笔者接此任务后，从经费到位、设计、选材到建成仅用了半年时间。在给知识分子"脱帽加冕"的政策下，工作是务实的，也是高效的。该实验室在"文化大革命"前除了完成本所任务外，每年都为兄弟大专院校提供科研教学服务，基本上是开放的。在以当年青粗饲料为主的低精饲料养殖条件下，如何因地制宜、科学利用国产饲料资源提高生产水平方面起到了应有的科普作用。惜好景不长，1964年"四清"工作组进驻畜牧研究所，笔者被列入重点批判对象，笔者主持的所有项目被迫下马。"文化大革命"后期，动物营养代谢实验室被改为铁木瓦电车间。拨乱反正后，笔者由青海省回京重访研究所旧址时，该所周围杂草丛生，面貌皆非，大有"国破山河在，城春草木深"之感。

1979年畜牧研究所恢复原建制时，笔者被委任为动物营养代谢室副

---

[1] "中国饲料数据库"（1990 农业部 900590）、"袖珍配方电脑应用技术"（农业部 83-768）、"CMIX 饲料配方系统"（浙江省 1994-007101）、"三新饲料配方系统"（1998）、"畜禽饲料营养知识咨询及配方网络远程优化系统"（2004）。

[2] 见中共中央 1961 年 7 月 19 日中发（61）505 号文件转发聂荣臻《关于自然科学中若干政策问题的请示报告》中的《科学工作十四条》。

[3] 1961 年 2 月 26 日由聂荣臻主持的"科技工作者会议"在广州市召开，到会专家 300 余人（史称"广州会议"或"神仙会"）。在该会议上，陈毅根据周总理电话指示精神，在大会上作了给中国知识分子"脱帽加冕"的长篇报告，并明确指出："将资产阶级知识分子"改称为"人民的知识分子"。

主任，此乃有生以来最高"官"衔[1]。实则有职无权，仅为"收复失地"竟耗时5年。加"文化大革命"期间的破坏，前后达15年之久。当时最大的困难是国家外汇奇缺，幸免于难的仪器设备残缺老化，国产仪器性能不过关。"工欲善其事，必先利其器"。动物营养科学是以解决饲料工业的核心技术——"饲料配方"与指导现代化养殖业的"饲养标准"为主攻方向的基础应用科学。基于振兴民族饲料工业的需要，1990年农业部非常及时地在中国农业科学院畜牧研究所成立了首批"动物营养农业部重点开放实验室"，由笔者负责，每年拨专款资助维持运转，"六五"至"八五"均被列入国家重点攻关项目。至此，昔日"黑项目"始得以"转正"。

20世纪80年代中期到21世纪初是我国畜牧业发展的盛世。2011年全国人均年占有肉、蛋、奶量分别达到87.7千克、20.1千克、27.8千克，比改革开放前增长了6～10倍。多年来，价格平稳，供销两旺，结束了畜产品凭票供应的历史。据此，2001年"畜禽水产养殖技术"被中国工程院评为20世纪最伟大的工程技术之一，与"两弹一星""种植业增产技术"等25项成就相提并论。这是数以十万计的同行多年辛勤劳动的成果。但是，若从当前科学发展观及生态文明观的角度，以及从科研与生产的衔接性、针对性、前瞻性等广角分析，当前又凸现出一系列矛盾。

经过13年的争议，我国于1990年正式加入世界贸易组织。"入世"以来，以绿色贸易壁垒为标志的突发事件屡见不鲜。其中在畜产品中除了外源性污染、次生性有毒有害物质从不同渠道进入食物链外，规模化养殖业因盲目扩大及因科技储备不足而普遍发生的"环境应激综合征"[2]也被愈来愈多的人所注意。

----

[1] 1980年请辞。

[2] 环境应激综合征（general adaptation syndrome, GAS），如鸡的脂肪肝综合征（fatty liver syndrome, FLS）、猪的灰白肉（pale soft exudative pork, PSE）及恶性高温应激综合征（malignant hyperthermia syndrome, MHS）等。

"应激"是长期以来在规模养殖业中被人们疏忽的隐患。"应激"（Stress）或称"胁迫"是介于健康与疾病中间的一种"违和"状态，它是诸多传染病的温床。"环境应激综合征"可以理解为是由不良环境而引起的亚临床状态的种种过渡性症候群，其应激源（Stressor）大都是来源于封闭的、高密度的饲养逆境。在许多经济发达国家，特别是人均耕地面积较少的欧洲国家早在20年前就意识到，要通过使粪肥良性循环、发展生态农业良性循环乃至保护动物福利，从根本上改善畜产品品质。这是在发展规模化养殖业中不可规避的问题。

　　20世纪末期是我国畜牧业的迅猛增长期。但是基于人口增长等社会因素的制约，全国人均占有粮食、肉、蛋、奶量却面临着10年徘徊或缓慢下滑的趋势。当前我国经济建设正面临着内忧与外患的困扰，在与动物营养科学息息相关的"2116"[1]食物安全工程中也存在着一系列有待从长计议的老大难问题。

　　一切事物在发展过程中总是会发生一个倾向掩盖另一个倾向的现象。中国养殖业生产模式方面近20年来表现突出的问题是，脱离国情的规模化养殖业盲目发展。一个认识上的误区是：有些人认为养殖业只要规模化，一切都好解决。笔者认为：不能将规模化等同为现代化。规模化是手段，而现代化是目的。现代化除了GDP（国内生产总值）指标外，还应包括人文指标、资源指标、环境指标，特别是要以科技储备为先决条件。因此，在一切重大宏观决策方面一定要树立"为之于未有，治之于未乱"[2]的观念，不仅要全面解决在科研体制中存在的"经济科技两张皮"[3,4]问题；还应力争在最短时期内，将以牺牲环境资源为代价的线

---

1 "2116"：指21世纪16亿人食物安全工程，1993年由科技部农村工作司提出。

2 引自老子《道德经》。

3 吴昊，《"两张皮"危机溯源》，《科学新闻》，2012年第8期，第34-36页。

4 温家宝，《关于科技工作的几个问题》，《求是》，2011年第14期。

性经济向以可持续发展为前提的循环经济方向转变；要在以道德为准则的生态文明观、以价值为取向的生态经济观的理念指导下，在思想上勇于挑战传统的非科学思维方式。要夯实基础性、前瞻性攻坚实力，要苦干、实干加巧干，坚持不懈地把中国的事情办好。这是为给子孙后代少留些麻烦的需要，也是人类与自然和谐共存共荣的需要。

后　记

少年十五二十时，曾怀"步行夺得胡马骑"[1]之志；欲"按图索骥"，谋科学报国之策。惜无头蝇五里雾中，盲人摸象，井蛙观天，效蝜蝂[2]一生，零星成果分散[3]，集成也难。方南柯一梦醒来时，已入耄耋行列。花甲后，政协八年、院士凡十五年，是不断自我否定与否定之否定的晚年。其间曾多次应邀与有关院校师生隔着代沟进行交流。事后反思多系"赶集"[4]，每于掌声过后辄有沉舟侧畔、囊中羞涩之感，唯冀蜡炬成灰，犹可护花。愿后来人以此叟为戒。

---

[1] 王维《老将行》："少年十五二十时，步行夺得胡马骑。射杀山中白额虎，肯数邺下黄须儿。"

[2] 柳宗元《蝜蝂传》："蝜蝂者，善负小虫也。……物积因不散，……又好上高，极其力不已，至坠地死。"

[3] 主持或参加获奖项目共17项，其中主持9项。主要有：1978年获农业部技术改进二等奖，"猪鸡饲料成分及营养价值表"；1982年获农牧渔业部技术改进二等奖，"袖珍饲料配方电脑应用技术"；1983年获农牧渔业部技术改进二等奖，"鸡饲料代谢能测定方法标准方案"；1984年获农牧渔业部技术改进二等奖，"国产饲料中的化学成分、氨基酸含量测定及对猪、鸡、牛、羊的营养价值评定"；1985年获农牧渔业部科学技术进步二等奖及国家科学技术进步二等奖，"中国饲料成分及营养价值表"；1985年获农牧渔业部科学技术进步三等奖，"饲料消化能值的离体测定及PIF冻干粉的加工工艺技术"；1990年获农业部科学技术进步三等奖，"中国饲料数据库"；1992年获国家技术监督局科学技术进步二等奖，"饲料原料标准29项GB l0363～10385、10387～10392—89"；1993年获商业部科学技术进步二等奖；1998年获中华农业科教基金会中华农业科教杰出贡献奖。1997年《中国农业大百科·畜牧卷》（副主编）获中国新闻出版总署优秀科技著作一等奖。2001年《中国饲料学》（主编）获中国新闻出版总署优秀科技著作二等奖。

[4] "赶集"：借用老舍1934年短篇集书名。20多年来进行200多次专题报告。

所幸，笔者所在单位与中国农业大学合作共建的动物营养学农业部重点实验室已于2005年3月进入国家级（SKLAN[1]）。第三代人工气候舱[2]也在中国农业科学院昌平基地建成。但在动物营养科学与遗传育种、环境卫生、疾病免疫等相邻学科交融与互作方面，尚需经过几代人的努力，不断用新思维、新理念、新技术解决全局性、关键性科学技术问题。可告慰者，所在团队在SKLAN与科技部的支撑下，历时8年完成了有关创新方法专项[3]——全程仿生自控酶水解总能系统（SDS-2）的研发任务，已经通过科技部验收。近期经与美国明尼苏达大学协作，用于DDGS（干酒槽及其可溶物）的EHGE值的评定，在效率、成本、重演性、精度等方面获得了美国同行的好评。在国内已前后在广东温氏食品集团股份有限公司、广东海大集团股份有限公司、辽宁禾丰食品股份有限公司、江西双胞胎（集团）股份有限公司、湖南唐人神集团股份有限公司等国家农业产业化重点企业中试1～3年，效益显著。这一技术的普及将为通过动态数学模型全面改革现行畜禽饲养标准体系提供现代化科研手段。

---

1 SKLAN：动物营养学国家重点实验室（State Key Laboratory of Animal Nutrition）。

2 动物人工气候舱（Zootron）专门用于模拟不同温、湿、光照、辐射条件的小气候环境舱。用于研究畜禽舒适环境指标及探讨动物应激源的试验装置。在国内首先由笔者所在单位与解放军507所等共同研发建成（《科技日报》1995年9月16日《人工气候代谢舱问世》）。

3 科技部创新方法专项"猪禽饲料能量生物学效价评定方法的创新研究"（编号：2009IM033100），由笔者指导的赵峰博士主持，2012年7月通过科技部验收。评价是：比传统方法精度高、效率快、成本低，属原创性，国际领先。获专利多项。已在全国重点大学、美国明尼苏达大学及温氏、海大集团等龙头企业作为科研、教学或生产质检所用。

二、生辰不详，九死一生

张子仪

"天长节"[1]后一日生于山西省屯留县（现为长治市屯留区）。父为清末进士，曾在该县任知事。母为浙江嵊县生人，后移居北平。胞兄姐弟共11人，有2姐，我在男性中行四，居中，属牛。父母兄长均已作古，无从考证准确生日。

日月如梭，风云开阖，恓惶间已进入耄耋行列，但尚无死神将至之感。烟云往事如戏，迄今仍在梦中出现种种幻景，盖系弗洛伊德解释的显像与隐义组合。离奇古怪，无佳可陈。适应出版社之约，趁头脑尚清醒时，权摘其要备忘，以防痴呆时胡乱反射，令后人猜想费解。

回忆与胞兄姐相聚时曾戏言曰："吾侪童年时唯老四顽犟亦最'命大'。"[2]1936年随铁炉堕入地窖内，众皆惊，以为已无生望，岂料仅轻伤后颅及脚趾，竟带伤爬出窖口，等待惩罚时尚未嚎哭，一险也。

---

[1] 晋南习俗，"天长节"盖系农历正月二十日。

[2] 甫10岁左右时，学习成绩差且甚顽皮，家中有地窖，深丈余，窖口堆杂物，顽童不知深浅，经常潜入窖内捉迷藏。

1937年太原失守[1]，逃难至汾阳。日寇攻占汾阳，全城戒严，通令所有居民门户不得关掩，否则格杀无赦。原拟藏入薪草堆中，但二寇入户搜查时，直奔薪草堆中刺杀，幸未藏其中，令人后怕。继而令老少咸出，逐一审视[2]。见我瘦小痺弱，寇抓我头似评估此仔如何处置，见无用，大吼"滚"！乃得幸免，二险也。

1938年春汾阳沦陷后，惶惶终日，朝不保夕，生计维艰。生父先返太原探虚实。后得知学校已复课，随后与母及幼弟返并，不幸启程前夜，突患霍乱高热，上吐下泻，几欲虚脱，强挤上车，只能藏在闷罐火车一角席地装睡[3]，个中惊恐、苦难实难言表。幸得熬至旧宅，无医无药，老母呵护，将养数月后始重生，三险也。

16岁东渡高考落榜，备考1年。1942年考入日本北海道大学。学子冬运，不知深浅，一无滑雪基础，二无足够装备，只凭体力顽健。仓促报名，攀登雪峰，既登顶后引吭高歌，得意忘形。稍息，即盲目速滑，未及中途即坠入雪谷，左踝脱臼。寒痛交加强爬至高处求救，空无回音。时队友均已下山，呼天不应，呼地不灵。幸得队友清点人数时，始沿路搜山得救。时已半夜，耳手足冻疮之苦兹不赘述，四险也。

1952年[4]回国伊始，满腔热情，初冬主动请缨，只身赴张北考察坝上草情[5]。西装革履，行至狼窝沟遇寒流，在敞车上挨冻半日，下榻即病倒，始觉牧区条件之艰苦。面对的不是"风吹草低见牛羊"的景观，而是"天苍苍、野茫茫"的荒凉与严寒。风寒半月，幸农家热炕、疙瘩

1　"七七事变"后，华北重镇要塞相继失守。甫入初中，年12岁，由太原逃难至晋西汾阳，翌年春汾阳沦陷。

2　事后得知，当时日寇兵力已显不足，捉襟见肘，搜查目的实为抓壮丁，或做炮灰，或送给日寇补充矿工。

3　时正值霍乱流行，死者无数，如被日寇发现则必报传染病抓去，另作处理，十抓九死。

4　1952年夏绕道香港回国，10月被华北农业科学研究所录用，任畜牧系饲料组组长。

5　时只有长途大敞车可达牧区，遇寒流，毛衣毛裤几若薄纱，直刺肌骨，抵目的地后不能移步。

汤、老羊皮保命，空手而归。最大收获是卧病农家，不是亲人胜似亲人的乡情与肩负重任之使命感。据传在狼窝沟丧命"秀才"何止几人，盖系我辈之流。哀哉，五险也。

1954年秋在晋东南[1]蹲点跑面，推广玉米青贮技术。时无公共交通工具，或步行或骑车。某日只身借得"飞鸽"（指"飞鸽"牌自行车）由长治南下，赴中苏友好集体农庄。途遇暴雨，顿成落汤鸡，泥路车难行，束手无策，只能至路旁等过路人搭救，雨后黄昏竟无行人，困至三更，幸闻羊"咩咩叫"声始获救，六险也。

1955年"肃反"运动高潮。患风寒，高热38.5℃，"轻伤"不下"火线"。赴医务室就医，"庸"医违章，不经皮试即注射青霉素，数分钟后全身瘙痒，继而手、足、耳、面水肿变形。当时无急救车，电话难通，家中无人。只身挣扎乘公交车赴海淀医院，在急诊室注射脱敏剂，休息两日康复，七险也。

1972年奉命在青海省都兰县巴隆公社收购羊毛[2]，某夜迷途[3]，误入沼泽，蚊虫肆虐，四周不知深浅又不敢乱动，困至半夜，幸得公社组织民兵相救，始脱险，八险也。

---

[1] 该地区素有"无风三尺土，有雨一街泥"的贬称，时已近半夜三更，饥寒交迫，不是人骑车而是人背车，加之行李全湿，寸步难移，周围一片漆黑，东摇西摆，丑态百出。幸得羊倌宋家父女相助，上下崎岖泥泞，空手尚难行，况半夜背车。强行约2里山路，始得有老乡帮助平安进村。

[2] 专供天津毛条厂及"一毛""三毛"试纺，并制定半细羊毛质量标准任务。

[3] 1969年，下放青海柴达木盆地，继而再下放至海西蒙古族藏族哈萨克族自治州农牧基层工作。1972年受命下牧区巴隆公社验收100吨羊毛试纺专用半细羊毛（纺织工业专用毛毯、专用羊毛）。在收购点与牧民"三同"，并义务放映电影，因片名是《奇袭》，乏味乃独自返居民点，岂料误辨方向，误入沼泽地。一般经验是远处出现似高墙系高地，而呈亮白色则系沼泽地，是雨水或积水处。但该次该经验全然无用，待发现脚下有水时才觉危险，在黑暗中左右踏查皆如此，才发现问题严重，不敢再造次，只有等候救援。一般盆地蚊子是昼出夜息，但该夜反常，成群袭来防不胜防。

1979年落实政策由德令哈[1]返"马连洼"[2]，大有"国破山河在，城春草木深"之感。正拟"从头收拾旧山河"之际，某周末加班后突感不适，继而脑卒中（即脑中风）、高血压、心律不齐，稍动即眩晕呕吐，滴水不进，生活不能自理。服用的中、西药可以"筐"计，约数月始能坐起，但共济失调，仍不能独立行走，约半年后基本康复。病因迄今不详，经京城各医院诊断曰：盖系"脑中风"之类，如何病愈也不详，怪病也。古稀后反而鲜见此类症状出现，九险也。

---

[1] 青海省海西蒙古族藏族哈萨克族自治州农牧科研工作站，位于柴达木盆地北祁连山南，海西州政府所在地德令哈镇。

[2] 中国农业科学院畜牧研究所旧址（北京市海淀区圆明园西路）。

三、杂谈"僧、妖"与"神"

张子仪

偶读毛泽东同志《和郭沫若同志·七律》与郭沫若《看〈孙悟空三打白骨精〉》。诗人们当时都是针对封、资、修而作。抚今思昔，多年来社会上屡发的伪科学及当前科学技术界的种种浮躁现象，虽与当年吴承恩的寓意不同，但究其成因与本质却有惊人的共性。乃牵强附会，作些拼凑。班门弄斧，荒谬之处，尚望广大读者批评指正。

关于"僧"

"僧"可以解释为以人为依托，传播"神"的意志的载体。圆寂之前属"人"，正果后因其修行程度，成佛、成菩萨或成罗汉等。吴承恩笔下的唐僧则是佛祖委派观世音菩萨分管，经过九九八十一次劫难的考核，取得真经之后才"正果"成为"旃檀功德佛"的。在此之前唐僧犯过不少错误，在《西游记》里描写得淋漓尽致，兹不赘述。

郭沫若给"僧"判了死刑，他认为应该"千刀当剐唐僧肉"。辛亥革命前后，中国人受尽了三座大山的压迫，有识之士都在苦苦思索，中国向何处去？鲁迅塑造的"阿Q""狂人"大体上也都是属于"僧"的范畴。"阿Q"之死，是吃人的历史、吃人的社会、吃人的制度造成的。鲁迅之所以伟大，是他能在一片恓惶中披荆斩棘杀出一条血路来。他爱憎分明，他横眉冷对的是"千夫"，是明的、暗的"反动势力"，是"妖"。他之所以发出"哀其不幸，怒其不争"的呐喊也是为了唤起"僧"的觉悟。他要打倒的是三座大山，而不是"僧"。孙中山先生在其《国事遗嘱》中首先提出了："余致力国民革命凡四十年，其目的在求中国之自由平等。积四十年之经验，深知欲达到此目的，必须唤起民众……"他留下了"革命尚未成功，同志仍须努力"的遗憾；他寄希望于革命成功的力量仍是"东方睡狮""一盘散沙"，也是"僧"的范畴。但是，唤起"僧"的觉醒却不是一蹴而就的事，那是一项极其艰巨、任重而道远的历史使命。洪秀全失败了，义和团失败了，光绪皇帝失败了，辛亥革命只是推翻了清王朝，但又换来袁家王朝、蒋家王朝。中国共产党领导全国人民彻底解放了全中国。但年青的共和国在成长过程中也付出了高昂的"学费"和惨痛的代价。当前的问题是，像《西游记》里留下的那么多"妖魔鬼怪"混在哪里去了，谁也没有个交代。怎么一个打法？难啊！再出一个"孙大圣"，舞起"千钧棒"打死几个"白骨精"吗？恐怕不是解决问题的根本办法。

错误和曲折使人们聪明起来了，看来还得按革命先驱的遗愿，要唤起"僧"的觉悟，在"僧"中多一些"恶人"[1]。"僧"乃至"佛"们要自己管住自己，光靠几个正果了的"旃檀功德佛"为榜样而规劝大家，恐怕不是解决问题的根本办法。"旃檀功德佛"虽不曾作恶，但毋庸讳言，他在历史上也确曾犯过这样那样的错误，"正果"了也还要好自为之。

---

[1] 2002年，中国时代经济出版社出版了"四大恶人"丛书，包括《我是于光远》《我是郭正谊》《我是何祚庥》《我是司马南》。

莫再做那种没有原则的"以钵换经"的窝囊事，免得叫人家指责：这个"和尚"总是"犹抱琵琶半遮面"[1]。

关于"妖"

《西游记》里的"妖"大体可以分成几大类：一类是土生土长的，如从花果山上的石头变成的美猴王；另一类是在天上犯了错误后被罚下凡的，如天蓬元帅、卷帘大将等；其他则是孙悟空说的，都是"天上的精"，都是佛祖、菩萨的亲信、部下或坐骑、宠物等。在各类"妖"中，随唐僧取经后正果的只有4个，最辛苦的小龙马，大概因为资历不够，未曾归入方位。

在"九九八十一劫难"中，兴风作浪、作恶多端的"妖"们，毛泽东将其定性为"鬼蜮"，是重点打击对象，应该属于用"千钧棒"一扫了之的范畴，不能手下留情。

时代不同了，"妖"总会不断变换其手法继续作祟的，因为"妖"在本质上是"灾"的成因。可曾记得，20世纪中叶到末期，在科技界兴风作浪的大案、要案中不是有"亩产十三万斤水稻""糖化饲料""三割催肥法""牛精猪""鸡血疗法""水变油""邱氏鼠药""仿生稻草"等"怪事"吗？这些"妖术"不仅通过了层层成果审查，有的还获得了专利，就连一些领导也被蒙蔽，且为之开绿灯，发奖状，拨款推广。

弄虚作假，古今中外皆有之。如占星术、不老丹，不知骗过了多少帝王将相，甚至连大科学家牛顿晚年也认为"上帝"是永恒、无限、绝对完美的主宰者。他竟然在科学讲台上发表《对无神论的投诉》的谬论，

---

[1] 王慧锋，《科学拒绝腐败》，《人民政协报》，2003年7月31日A3版。

最后坠入"学霸"的泥坑。历史的教训，值得注意。为了提高对当前科技界的"辨妖"水平，试刻画当前科技界"妖"的若干特征，仅供参考。

①披着专家、学者、名医的"外衣"，略知一些业内"皮毛"，善于卖弄"术语"，大言不惭。

②蝇营狗苟，攒够了一定数量的二三流刊物论文，骗取了一些贬值奖状。

③伪装成刻苦钻研的莘莘学子，有的还混得了教授和硕士研究生导师、博士研究生导师头衔。

④不仅能用短、平、快的方式解决科技界前沿最难的尖端技术问题，而且"经济效益"显著。

⑤拥有豪华的"现代仪器展览室"及用先进的仪器生成似是而非的表格、图像的技巧。

⑥能用不堪推敲的试验设计、不能重复的数据，撰写出洋洋万言的"科学论文"。

⑦拥有欢呼"皇帝新衣的臣民"，有通过有偿媒体大肆炒作的技巧。

⑧能借助国外专家学者的只言片语，断章取义以渲染其国际水平的才干。

⑨有雄厚的"社会关系资源"，并与"报奖专业户""评审专业户"保持着特殊的密切关系。

⑩个别"妖"可能就是"天上的精"，或与天上的"神"们盘根错节，甚至结党营私。

尚可举出更多。

"妖"在科学发展中起着极大的破坏作用，不仅能涣散人心，腐蚀队伍，使战斗力瘫痪，离间同志之间的关系，使亲者痛、仇者快，而且它具有"精神鸦片"的功能、有无硝烟武器的杀伤力。它是导致我国科学技术水平与世界先进科学水平本来就很大的差距又被进一步拉大的祸根。

关于"神"

"神"在《论语》中有多处表述，如"祭如在，祭神如神在"。孔子说："吾不与祭，如不祭""子不语怪、力、乱、神"。孔子"敬鬼神而远之"等均可佐证他是个无神论者。但孔子崇尚"天"，强调要"知命"。他曾说"不知命，无以为君子也""五十而知天命"等。

孔子的传人、被尊称为"亚圣"的孟子认为"人之初，性本善"，并以"性"解释"天"。他认为："……知其性也，则知天矣。……修身以俟之，所以立命也。"[1]孟子对"天"与"命"的解释是"……其子之贤不肖，皆天也，非人之所能为也；莫以为而为者，天也；莫以致而至者，命也"[2]。这里他认为"命"是决定一切的。"命"在身外，"命"的好坏，人是不能改变的。这种"天命观"相传至今，老百姓们仍把一个人的幸运与厄难归功或归罪于"天"或俗称的"老天爷"。至于"天"是什么？"天""命""神"又有什么区别？不同时代，不同学派、不同教义之间似乎尚未取得共识。

在先秦诸子中，荀子应属于儒家中的"左翼"代表人物。他主张"人之性恶"[3]，他认为"物之已至者，人祆则可畏也"[4]。他列举了许多天灾人祸都源于"人妖"。他主张"大天而思之，孰与物畜而制之；从天而颂之，孰与制天命而用之"。他认为"故错人而思天，则失万物之情"[5]。他不否定"天""祆"的存在，但他却不主张"听天由命"，总起

---

[1] 见《孟子·尽心章句上》。

[2] 见《孟子·万章章句》。

[3] 见《荀子·性恶》。

[4] 见《荀子·天论》，"祆"同"妖"。

[5] 见《荀子·天论》。

来说荀子也应属于无神论者。

秦始皇"焚书坑儒"以后，大凡统治者都不敢公开反"神"。陈胜、吴广是靠伪造天、神的意愿揭竿而起的。以后张角、黄巢、洪秀全等农民起义领袖也都是假借神佛的旨意，自尊是"天王""天将"，其实这些历史人物自身也都不是有神论者。从董仲舒、韩愈、程家兄弟、陆九渊、王守仁、龚自珍、严复、章太炎一直到孙中山、毛泽东都是我国历史上的无神论者，都是为探索自然客观规律而苦索真理的先驱。

应该承认，人类认识真理的过程永远是滞后的。毛泽东在《矛盾论》中讲到神话中的许多变化时指出："《西游记》中所说的孙悟空七十二变……并不是具体的矛盾所表现出来的具体的变化……并不是具体的同一性，只是幻想的同一性。"吴承恩生活在明朝嘉靖年间（1500—1582年），正是政治极其腐败的时代；他是一个科场失意的老贡生，生活潦倒，处处失意。所以《西游记》里都是当时的黑暗腐朽势力的缩写，也是对"神"的"亵渎"。和当前现实生活中人们对"神"的理解的同一性如何？笔者无意去评比，但胡适说吴承恩是"至多不过是有点爱骂人的'玩世主义'"，这是不公平的。吴承恩笔下的"神""僧""妖"只是通过神话、通过幻想的同一性抒发了他对明王朝腐败的不满。他借"齐天大圣"与"玉皇大帝"的打斗场面为典型背景，刻画出了"神""妖"的实力较量，暗示了以"神"为象征的天朝的"纸老虎"本来面目。有意渲染偌大军事力量，竟连一个打入阎罗殿勾销生死簿、潜入龙宫抢走"天河定底神珍铁"、"偷桃"犯上、大闹天宫，本来按天条应该是千刀万剐的罪犯都无可奈何的脆弱本质。他在《西游记》收尾时还大胆地借"如来至尊释迦牟尼文佛"左右的阿傩、迦叶两个高层贪官形象，揭露了贪污腐化的根子就在"如来佛"自身。读罢不由得联想起继明王朝崇祯皇帝自缢于景山之后，曾几何时，清王朝又出了咸丰、慈禧之类的"败家子"。事情有的发生在天上，有的发生在地下，有的在前，有的在后，何其相似乃尔。杜牧在《阿房宫赋》结尾中指摘秦始皇时说过"秦人不暇自哀而后人哀之，后人哀之而不鉴之，亦使后人复哀后人也"。历史是如此之无情，"天若有情天亦老，人间正道是沧桑"。神也罢，天也罢，都该醒醒了。

四、许老轶事拾零

张子仪

许老善诲，寓教于行，点到为止，志深而喻切，因事以陈辞。许老善喻，至言不繁，巧发微中，常以俚言巷语，概括事物之精髓；许老善谐，谐后发人深省，言得其宜，智愚同赞。聆听许老教诲几十载，深感先生敢道人之所难言，言必中时弊，虽屡憎于人，但毁者亦默允其刚特。愿凭记忆，录若干轶事，以弘扬许老遗风。

"而"型人才（1941 年）

许老于20世纪40年代初即提出"农区畜牧业与牧区畜牧业之关系，环境与品种之关系，育种不能脱离饲养以及建立中国特色的饲养标准"等一系列主张[1]。虽已是半个世纪前之故事，但足见先生在而立之年，便能对国事提出有理有据之精辟见解，时至今日，犹不失其科学指导意义。

---

[1] 见《中国畜牧兽医汇报》，1942 年，第 1 卷第 1-2 期。

许老推崇"而"型人才。所谓"而"型，指唯有博学，方能多能者也。或谓知识结构，可分为"样样精、样样松之'一'型""明察秋毫，但只见树木，不见森林之'丨'型""一专多能之'丅'型乃至'∏'型"等。而许老则曰："'一''丨'不好，'丅''∏'也不成。"

苏轼曰："不一则不专，不专则不能。"[1]而许老则强调一专未必多能；一竖仅一支点，根基不稳，无依无靠；头顶一横，笠遮视野，偌大宇宙，如何看得清楚。妙在一个"而"字，一横下一撇，由四个支点撑起，犹如根之于茎，茎之于枝叶；根深，茎叶自然茂盛。学而不思则罔，思而不学则殆；唯博学善思辩证，以一撇为枢纽，方能进入佳境。言简意赅，妙语连珠，令人折服。

盖先生之成就，应归功于一个"而"字。

刮　油（1954年）

20世纪50年代初章乃器任粮食部部长。多次约见笔者，问砻糠能否喂猪，乃晓之以动物营养学基本知识。始章亦首肯。奈苏联托洛伊斯基专家，按砻糠中含蛋白质3%推论："此潜力约相当于若干亿斤稻谷中之蛋白……""老大哥"发话，全国旋即掀起"砻糠喂猪"研究热潮，余波殃及花生壳、玉米芯等。1954年全国畜牧兽医学会年会在罗道庄召开，初次与许老相识。会上，有人也为砻糠呐喊。笔者在会上宣读有关砻糠不宜喂猪的研究报告之后，或谓"应再深入研究"，或谓"应相信群众经验"……唯许老直言曰"此乃刮油之物，何须试验白费劲"。适全国趋"左"，人人自危。正孤军作战，幸逢高山流水，衷心感激此长者之支持。惜时局多变，风云莫测。不久，许老蒙冤，而

---

1 苏轼：《应制举上两制书》。

"砻糠"出笼。继而"粗化精"、继而"糖化"、继而……旷日持久二十载，劳民伤财数百万。欣闻多地明令"禁售砻糠喂猪"，可告慰于许老在天之灵矣。

捡 落（1979 年）

我国农区畜牧业从属于传统农业，"猪—肥—粮"良性循环可保生态平衡，可促持续稳产。但长期缺乏科学指导，饲料资源仅靠农副产品（捡落），周期长，商品率低，丰年则旺，歉年则淡。许老提出："靠'捡落'发展养猪不成。"但同时也强调了"改造传统养猪业不能脱离中国实际"。许老指出："在私养的汪洋大海中几颗'机械化'养猪孤岛……与人争嘴……，饲料运进，粪便搬出，不合账……。牛并不能光喂玉米秸子加尿素就下奶……""要走自己的农牧结合的路，草原当然要改良，但不能立竿见影，要以养为主，养草才能养畜"[1]。历史的回顾，此乃20世纪70年代末期，时值"早春二月，乍暖还寒"，提出此论要有胆识才成。许老毕生都在考虑国事，临终前月余，笔者曾将有关文稿呈许老审阅。回信曰："文章看过两遍，人必须到了一定年龄、足够阅历，方能达到这一境界，有时我也想写点这类方向性、策略性的文章，再一想，何必做此无谓的石沉大海傻事，就搁笔了……你把问题提出来了，但软弱无力，关键是未展开，内容空虚。"许老过去了，失去靠山。每逢疑难事，则倍感心虚。许老何其匆匆去耶！

---

1 许振英，《对我国农牧结合的一些想法与作法》，东北地区农业现代化学术讨论会会议材料，1979。

断头台 （1987—1991 年）

正逢"正大仔猪料"畅销全国，于是骂声对准国内动物营养学界。或谓"尔等空谈误国"，或谓"徒有其名"，或谓"偌多专家面对'551'竟束手无策"……不一而足。于是捷足者乃以"秘方"售人，"追星族"则以重金求购。沸沸扬扬，酷似"祖传秘方"即可医治疑难百病。许老从"保定会""上海会""杭州会""太原会"历时十载，周游全国，组织一班人，深入调研；以八十高龄，呕心沥血，切磋对策。在某会上作重点发言时，方坐定，即曰："我现在犹如上断头台。"全场顿时沸腾，良久，许老始对仔猪断奶成因，结合国情作过细分析。他指出："仔猪初生，由'水生'到'陆生'、由恒温到变温、由无菌到有菌、由被动获取营养到主动觅食无不带来应激；仔猪的营养、酶活、免疫、环境等一系列变化是其'因'；而'拉稀'是其'果'。研究对策与方法要析因，要溯源求本，因果对照，区别对待，不能头痛医头、脚痛医脚。"言简意赅，切中时弊，不知善解此意者几何，良药可有益于斯人乎？

"憨老汉"与"不倒翁" （1984—1993 年）

1984年在冰城，学会庆祝许老从事教育与科研五十年。笔者与动物营养学界同仁治印一方，呈许老志贺，镌文为许老谦号"北国一憨叟"。会后与会代表相继在留言簿上命笔题词。苦思良久，乃以"……堪称不倒翁"，反其意而颂扬许老致学精神。时隔十载，"鹊桥节"前夕，适许老与陆翠玲先生金刚钻婚期日。许老寄来长诗《金刚钻婚颂》，又提及"人称'不倒翁'，自喻'憨老汉'"。信中还谈道："这也算一个甲子的总结，……。复印无多，限于至亲，不拟外流，你我知己，奉上一份笑纳。"《金刚钻婚颂》结尾为"人世间，固可恋，撒手归去也坦然"。似有逸然欲仙之意，又似有所顿悟，与十年前《壬戌春节缅怀并述旧》之结尾"待到零零年，与君重话旧"之诗风大相径庭。杞忧之余，乃拾许老句，作联以庆金刚钻婚志喜：

"春蚕蜡泪笔耕舌耘六十载坎坎坷坷披荆斩棘大浪淘沙，具往矣余烬犹炽热问鸟首过来时有多少不倒翁？

"七巧良缘齐眉举案半边天抄抄写写当炉持家蹉跎岁月，伴过了五朝与四世赞陆老佐出了好一个憨老汉！"

1993年9月15日，许老复信说："贺联很有文采，而且来得快，不愧为晋中才子，寄来齐广海一文，内容很好，少数打印错字予以改正。动物营养学界这十五年没白过，下一代基本成熟，但要达到国际水平，还要待下一两代。总结历史，唐、宋文风，都在建国百年之后，美国、日本赶超德国、英国也是近七八十年的事。

"……

"我打算写的是'Repartitionists in Animal Production'（《重新分配剂在畜牧生产的应用》），重点是写生长素和 β-agonist 在种鸡、肉鸡、绵羊、奶牛、肉牛生产中的应用。争取10月底完稿，万一交不上，不必等。"

许老此信发出后第二天即昏迷在书桌前，时未及旬，竟与世长辞。此信竟成绝笔。事后找到信中所提及未完成稿，虽已发表于《猪的营养需要论文集》，但毕竟是千古憾事。

"度"（1993年）

1993年夏"太原会"后，与李玉芝教授陪同许老由晋返京。始上车，秩序哗然，预定卧铺被挪用，经交涉无效。适许老风寒微恙，乃谋于玉芝。先摸底，后搞清章法，继而与车长摊牌。动之以情，晓之以理，申之以法。车长始馁，汗下。去片刻，乃报颜请许老、笔者与玉芝换入软卧。许老对此一切，置若罔闻，随遇而安，犹身外事。翌晨车抵京郊，盥洗方毕，对坐，窗外掠影，瞬息即逝。许老嫣然曰："尔等能握'度'，事乃成。致知格物亦然。"遂不复语。盖许老诲人，多寓教于行。宋玉《登徒子好色赋》曰："东家之子，增之一分则太长，减之一分则太短；著粉则太白，施朱则太赤。"此之谓乎？

向北祭乃翁（1993 年）

1993年秋，忽接玉芝来电，谓许老病危，旋即电告全国同仁，无不忧心忡忡。未及半月，许老竟作古矣。"太原会"后曾与许老约定翌年在"万县会"上相见。在奔丧航机中，心潮起伏，仍疑老人健在。何期《金刚钻婚颂》之结尾，竟不幸而言中，哀哉。草就挽联交孝义先生。许老！可安息矣。

悼念许老

炬灰丝尽不问收获但事耕耘[1]铁鞋踏破苦索真谛七十载方佳境竟归去曾记否约期零零年与叟重话旧[2]？

桃李朝野后继有人[3]栋梁济济广厦共筑潇洒弄潮三千子循师道有来者愿忌期众聚醉三峡向北祭乃翁。

---

[1] "不问收获，但事耕耘"，引自闻一多原句。

[2] 许老遗句《壬戌春节缅怀并述旧》"北国一憨叟，倏忽七五秋，待到零零年，与君重话旧"（《我国动物营养研究进展》）。

[3] "后继有人，死可瞑目"，许老审阅《动物营养研究进展》初稿后的评语。

五、再和杨老《试续曹操名句》
志贺百岁大寿

张子仪

1996年暮夏，奉杨老赠《试续曹操名句》，虽系戏作，但字里行间洋溢着先生老骥风貌，感慨之余曾和一首志贺[1]。时光荏苒，倏忽间又临先生百岁大庆。庆幸之余，乃再和《试续曹操名句》（1996年）以庆贺。

萤雪英伦[2]，迎东方红，硝烟始息，戎侵北邻。

唇亡齿寒，投笔从戎[3]，致格秣马[4]，屡建奇功。

---

[1] 1996年《和杨老〈试续曹操名句〉志贺九十大寿》：萤雪英伦，迎东方红，硝烟始息，戎侵北邻。唇亡齿寒，投笔从戎，致格秣马，屡建奇功。杏坛廿载，人称"三杨"，风云多变，绌疏古城。四害既灭，百废待兴，为育新秀，浙甘新蒙。耄耋之年，犹学不惑，既话灰论，复驳瘦精。春蚕蜡炬，华夏布翁，老骥伏枥，伟哉壮心。

[2] 先生于1941—1948年留学英国，就读爱丁堡大学，作奶牛环境、生理等方面的研究，获博士学位。

[3] 1953年先生响应党的号召，抗美援朝，赴战地主持军马饲草收贮调制技术。

[4] 1954年在北京农业大学旧址（罗道庄）中国畜牧兽医学会全国年会上，先生曾作关于《军马饲草营养价值评定及调制》的科研成果专题报告。

杏坛廿载，誉称"三杨"[1]，风云多变，绌疏[2]古城。

四害既灭，百废待兴，为育新秀[3]，浙甘新蒙[4]。

耄耋之年，犹评"灰论"[5]，既话诗仙[6]，复议燕鹰[7]。

老常[8]呼唤，憾归留情[9]，老骥伏枥[10]，伟哉壮心。

---

[1] 动物营养学界有"三杨"之说，盖指杨诗兴、杨凤、杨胜三位教授。"三杨"曾分别在甘肃农业大学、四川农业大学、北京农业大学执教多年。先生编著的《家畜饲养学》《家畜饲养实验指南》《饲料营养价值评定》等专著，是20世纪50—70年代农业大专院校的主要教材。

[2] 典出《史记·屈原列传》："……屈原既绌。……屈原既疏，不复在位……"

[3] 先生1951年回国后历任西北畜牧兽医学院（甘肃农业大学前身）教授，中国农业科学院兰州畜牧所研究员、主任、所长等。

[4] 浙甘新蒙：在浙江湖州、长兴，甘肃武威、兰州，新疆巩乃斯、石河子及内蒙古尕达苏、查干花等地开展鸡、羊的营养需要量研究工作并培养研究生。

[5] 灰色系统理论：1982年由华中理工大学邓聚龙教授首创，是基于数学理论的系统工程学科。主要解决一些包括未知因素的特殊领域问题的预测，是一种研究小样本、少数据、贫信息不确定性问题的理论和方法。灰色是介于黑箱与白色系统间的模糊数学术语。杨老曾专门论述《研究猪血液生化指标和增重关系应用灰色关联分析值得考虑的问题》。

[6] 2008年杨老给笔者的信、摘要及附件，字里行间反映出其晚年对人生的感悟。李白的《清平调》："云想衣裳花想容，春风拂槛露华浓。若非群玉山头见，会向瑶台月下逢。"李白的《雪谗诗赠友人》："嗟予沉迷，猖獗已久。五十知非，古人尝有。立言补过，庶存不朽。"

[7] 《马超飞鹰——"铜奔马"名称新探》。

[8] 老常：杨老的网名。

[9] 老常向留美华裔网民发出的短文《给＜归兮，留兮＞作者老笛的一封公开信》，文尾指出"士何事"？曰"尚志"。表达了杨老鼓励海外学子早做决策回国之亲情。

[10] 出自曹操《步出夏门行·龟虽寿》："神龟虽寿，犹有竟时。腾蛇乘雾，终为土灰。老骥伏枥，志在千里。烈士暮年，壮心不已。盈缩之期，不但在天。养怡之福，可得永年。幸甚至哉。歌以咏志"中的第二阕。

六、驼梁夕雨投宿山村
——试和继周学长《饥寒无惧伴熊狼》

张子仪

甲子回眸忆驼梁，夕雨迷途觅村光。

霏雾不掩茫茫野，残墙深处似危房？

袅袅不升何为炊，嗦嗦难耐湿衣裳。

难为老妪款陋居，虮蚤虽小胜熊狼。

注：驼梁，一说"沱梁"。位于晋冀交界，平山县北，灵寿县西，五台县东，有"一泡浇三县"之谐喻。驼梁概系位于太行山北端，农牧交错地带的草山之一。60年前尚保留"风吹草低见牛羊"之景观。

新中国成立初期，耕牛严重不足，人拉犁现象处处可见。当时为保证畜力，不误农时，党和政府三令五申禁宰耕牛，并号召"见母就留"。千方百计开辟饲草饲料来源。但每年冬春季节仍显青黄不接，"三料"（燃料、肥料、饲料）之争也尤为突出。驼梁周边农户在利用冬季草山资源方面，素有利用"夏窝子"作为"冬窝子"保养牲畜的传统。其主要方式是在冬闲时放牛上山，山上则有承包户专操此业。农忙时可由畜主领回供畜力用。有专门行规，各司其职，双赢互利。当地农民称为"jìjù"（"寄犋"？文字如何写法待考）。从草地农业系统看，也不知正解若何。

由笔者与前华北农科所单乃铨先生、河北省灵寿县畜牧兽医站、陈庄畜牧防疫站及乡、生产队干部等组成的调查组前往驼梁考察，途中遇雨。

在村干部的带领下，经过羊肠小道觅得一农户。时天色已暗，叩门无人应。良久，有老妪唏嘘而出。始悉有孕妇因难产后胎衣不下，已无生望。主人外出求救未归，婴儿也奄奄一息。见状，全队人马均束手无策，山雨仍淅沥不停，进退为难。但老妪盛情不减，荐客前往另一置放杂物茅屋，暂时歇息，一则可避雨，同时尚可拴系驮物毛驴。几十年过去，忆当时老妪虽然身处困境，但处处洋溢着干群关系之血肉亲情。后经众议决定，留县干部协助主人料理后事，抢救婴儿，俟主人归来后再作计议。调查组则致谢撤离。茅屋一夜，有炕、无材、无席，虱、蚤袭人，个中艰辛不表。

"虱蚤"宜作当前各界"吸血鬼"解，"熊狼"或可放大为"外侮"。

《草人诗记》之一
《饥寒无惧伴熊狼》

任继周

月夜清辉漫山梁，

溪畔孤帐泛青光。

夜闻狼嗥传莽野，

晨看熊掌绕帐房。

浓烟滚滚难为炊，

寒风瑟瑟透衣裳。

薄帐一顶雪地居，

饥寒无惧伴熊狼。

（发表于《草业科学》2011年第28卷第1期）

七、博 弈

张子仪

我八十，她两岁，

我坐着，她蹲着。

我已饱经沧桑，奔向耄耋。

她才开始咿呀学语，

敢挑战"太爷爷"。

这是一场永远下不完的"棋"，

无论是"胜"、是"负"还是"零和"，

"双赢""多赢"也都是瞬间，

历史才是永恒。

"代沟"是永远填不平的自然。

学无限，诲不倦。
想明白了，
才能共享"过程"的欢乐。

于2015年教师节

八、忆宗加、巴隆[1]
——再和继周学长《暑期教学记事》

张子仪

俯视都兰小，遥连昆仑山。

暴风袭薄帐[2]，劫后彻夜寒。

摸黑修撕裂，蜷缩不成眠。

晨起忙炊事[3]，奶茶糌粑团[4]。

[1] 宗加、巴隆为位于格尔木市东、柴达木盆地南端，昆仑山、布尔布达山北麓的 2 个人民公社，海拔约 3 000 米，属青海省海西蒙古族藏族哈萨克族自治州都兰县管辖。"文化大革命"后期，笔者由"敌我矛盾"转为"人民内部矛盾"，回归革命队伍。1969 年按"一号令"限 3 日内离京。随畜牧研究所下放青海，因有"前科"又被层层下放至柴达木盆地北缘的海西蒙古族藏族哈萨克族自治州的农牧工作站，辗转"乔迁"凡 11 次。定居州政府所在地德令哈镇。

[2] 1972 年夏，奉命往盆地南端宗加、巴隆、诺木洪一带收购、验收半细羊毛。蹲点数月，与牧民"三同"（同吃、同住、同劳动）。某日下午在牧民家中遇阴雨，骤然间，如摧枯拉朽掀翻帐顶，固定桩子也被连根拔起。幸帐篷地处高处，全部人马死保，始免遭露宿之苦。时许，雨过天晴，但帐内处处泥水不分，杯盘狼藉。星光闪闪，寻个角落蜷曲一夜，似睡非睡，等待天明。

[3] "晨起忙炊事"借用《暑假教学实习记事》原句。拂晓方知早餐已备妥，女主人刚从远处背水归来，供客盥洗。此情此景已数十年，但犹历历在目。

[4] 将青稞炒熟后磨成粉，食用时将酥油与糌粑用手在小碗中拿捏成面团。

双匕代剪刀¹，调味花椒盐²。

少妇多面手³，蹉跎见眼睑。

难忘待客热，何以酬草原！

1　当地牧民有用两把藏刀熟练交错使用的技巧，可将羊肉迅速裁成肉馅。

2　酥油茶中加花椒少许，其味隽永，一绝。

3　按当地习俗，女主人专门操持烧水做饭、打酥油、从远处背水、照顾子女等家务；而男主人则坐享其成，只管放牧、剪毛、交易、饮酒、聚会等，当时仍有大男子主义者。

《草人诗记》之二
《暑期教学实习记事》

任继周

高山望月小，夜风来远山。

师生同薄帐，互道不觉寒。

瓶水恐冻裂，拥被相与眠。

晨起忙炊事，浓烟煮面团。

切菜用剪刀，调味只有盐。

捧碗暖冻手，热气凝眼睑。

天冷心中热，学子恋草原。

（原载《草业科学》2011年第2期第194-195页）

九、君子之泽泽九渊
——和继周学长悼念盛老逝世10周年

张子仪

斗转星移换新天，

屡失交臂近卅年[1]，

代代桃李[2]日日新[3]，

谆谆师训[4]意酽酽[5]。

---

[1] 盛老在畜牧兽医界是笔者父辈先驱，笔者与盛老在20世纪只见过一面，多次机会均失之交臂。

[2] 在20世纪长达几十年的蹉跎岁月里，盛老在大西北为祖国培养出大批畜牧兽医界的优秀接班人。

[3] 引自《礼记·大学》："苟日新，日日新，又日新。"

[4] 引自任继周院士原句："金陵一别隔人天，魂牵梦萦已十年。肃肃范仪久益新，谆谆师训旧转酽。浊浪排空铮骨响，污泥扑面芙蓉艳。奠基百尺架棚屋，遗恨深深深九渊！"（见《院士通讯》，2011年第6期第64-66页）

[5] 酽酽：酽指酒、茶、醋等品味浓郁状，或指色彩如"竹孤青、梅酽白"。笔者揣摩任继周院士原意，并借朱自清《威尼斯》文中"酽酽"二字，赞盛老在羸弱多病、孑然一身的体况下踽踽负重、诲人不倦的心态与风格。
《威尼斯》原文是："……意大利的语音据说是最纯粹、最清朗，听起来似乎的确斩截些，……在微微摇摇的红绿灯球底下颤着酽酽的歌喉……"（原载1932年9月1日《中学生》，第27页）

笑过苍蝇嗡嗡响[1]，

雪后梅花俏中艳[2]，

广厦千万颂茅屋[3]，

君子之泽泽九渊[4]。

[1] 借用毛泽东《满江红·和郭沫若同志》中"……有几个苍蝇碰壁。嗡嗡叫……"泛指当年的造反派。

[2] 借用毛泽东《卜算子·咏梅》中原句。

[3] "茅屋""广厦"：借用杜甫的《茅屋为秋风所破歌》"安得广厦千万间，大庇天下寒士俱欢颜"中词意。盛老曾谦称自己一生是"……盖了一间茅草房"。

[4] 九渊：借任继周院士原句。

十、耄耋呓语
——和继周学长《瞻仰绍兴鲁迅故居归来有感》

张子仪

迷途知返入硅谷[1]，

滥竽群贤一厘珠[2]。

狂言"保九争百"[3]日，

侧畔[4]且省底事无[5]。

---

[1] "硅谷"：笔者 1952 年绕道香港回国，被分配到华北农业科学研究所（今中国农业科学院院部旧址），位于海淀区白祥庵（今海淀区中关村南大街）。中关村是我国科技精英汇聚地之一，我国多所著名院校、科研院所坐落于此，人称"北京硅谷"。

[2] 厘珠：珍珠按大小分类共分为 6 档。直径小于 5 毫米者称为"厘珠"，属于最小一档。

[3] 笔者 2002 年进藏考察前被诊断为 II 型糖尿病。2010 年国庆节后又因突发急性心肌梗死入院，经抢救确诊为冠状动脉粥样硬化性心脏病、心肌梗死、极高危高血压 3 级等综合征。曾在首都医科大学附属北京友谊医院、中国医学科学院阜外医院等诊治，四进四出，幸免于难。此前曾狂言"保九争百"，惜从本人身体素质及诸多外因实际出发，"保九"尚可，"争百"则无望。

[4] 借用刘禹锡《酬乐天扬州初逢席上见赠》"沉舟侧畔千帆过"句以自遣。

[5] 底事：何事。陈毅《为苏南摩擦答某君书》："投降缘底事？敌伪已图穷。"笔者此处泛指好事、错事、违心事，但问心无坏事。

附

《瞻仰绍兴鲁迅故居归来有感》

任继周

勇士荷戈走长谷，

浴血足迹碧凝珠。

最不忍读垂危日，

记得干支底事无。

（原载《草业科学》2012年第29卷第1期第44页）

十一、试释"地境耦合"
——试和继周学长《路边小店》

张子仪

小草[1]会罢小镇边，

小店隐现耦合关[2]。

当窗小坐遐想生，

车牛怡然更好看。

---

[1] 小草：世界草地大会（IGC）的爱称。

[2] 耦合关：涵盖前植物生产层，也可称为景观层（landscape level P1），应是包括风景、水源涵养区、自然保护区、旅游地等要素与P2、P3、P4间的耦合潜能。

路边小店

任继周

小楼小院小镇边，

小店木门常紧关。

院内鲜花随意生，

睡牛卧车相对看。

十二、和继周学长《意马心猿》
——志贺九十大寿

张子仪

古稀颠踬[1]不畏艰，耄耋笑傲子陵滩[2]。

不成不忍[3]疑无路，忌空忌松[4]史为鉴。

且挥鲁戈[5]拨霾雾，自古日月照大千。

桃李三千不逾矩，喜见意马酬心猿[6]。

---

[1] 颠踬：喻困厄。《意马心猿》原作于 1998 年 4 月，适继周学长正值古稀之年，曾患眼疾，卧床不起，犹怀"先天下之忧而忧"之斗志。（见任继周著《草业琐谈》序一《从业五十周年感怀》中"蹀躞颠踬五十年"之表述。）

[2] 子陵滩：借用柳亚子《感事呈毛主席》（1949 年 3 月）诗中发牢骚故事。

[3] 不成不忍：欲干不成，欲罢不忍。继周学长回顾当年"草地农业系统的落实缓慢，渺茫难期"的心态。

[4] 忌空忌松：华罗庚"树老忌空，人老忌松"，继周学长座右铭。

[5] 挥鲁戈：《淮南子·览冥训》，喻欲"令时光倒流"。

[6] "意马心猿"另解："意马"此处指众志成城终获国家一系列支持及表彰；"心猿"喻多年夙愿得到回报。

意马心猿

任继周

老来方知世事艰，扁舟湍流更险滩。

山穷水复终有路，世道人心竟无鉴。

胸次丘壑委霾雾，头上日月阅大千。

踯躅双足难逾矩，且将意马驭心猿。

（原载《草业科学》2013年第20卷第13期）

十三、试和继周学长《琼海记事三则》

张子仪

之一——苦夏

蜗居斗室一秭珠，

风前残烛困小楼[1]。

昼长蚤[2]醒苦夜短，

蝜蝂[3]愧对半斋书。

---

[1] 小楼：借鲁迅"躲进小楼成一统，管他冬夏与春秋"句中词。

[2] 蚤：通"早"。

[3] 蝜蝂：引自柳宗元杂文《蝜蝂传》。自悔一生读书杂乱无章，无主见。

之二 —— 外患

"伊、岸"[1] 两代败不休，

先否长江尸横流。

又扬"东、土"[2]"霾"如云，

安氏家兵意何如？

之三 —— 内忧

"两张皮"[3] 剧何时休，

"后庭花"[4] 费刺心头。

敢控南沙成战海，

甲午遗恨戒忽悠。

---

[1] 伊、岸：分别指日本伊藤博文（1841—1909）和岸信介（1896—1987）。

[2] 东、土：指日本战犯东条英机、土肥原等的故伎重演。

[3] "两张皮"：吴昊，《"两张皮"危机溯源》，《科学新闻》，2012 年第 8 期 34-36 页；温家宝，《2011 关于科技工作的几个问题》，《求是》，2011 年第 14 期。

[4] 后庭花：引杜牧《泊秦淮》的"商女不知亡国恨，隔江犹唱后庭花"。

琼海记事三则[1]

任继周

之一——读书

南海碧波浮明珠，

椰林丛中出琼楼。

齿长每恨才识短，

常伴海风读新书。

[1] 长子万年的兰州住房为权势者强行拆迁，获拆迁费若干。于2014年春夏之交，来海南岛物色居所，拟供我老来栖居之需。经友人推荐，在海南岛东缘琼海市海域天城小区购得住房一套，约120米^2，分上下两层，每层附赠阳台，颇宽阔。就其一与大厅毗连者改造为书斋，约10米^2，又经孙女以力巧做安排，开敞明净不觉逼促。我于2014年11月中到此过冬，日与海天云树为伴，读写休憩其间。远离喧嚣，遂得心归悠远，思接古今，或陶陶然而乐，或戚戚然含忧。具如白云浮游蓝天，心有所动而神不为伤。偶然有得，聊记数语以资回忆。

之二——写作

千言万语无日休，

涓涓思绪指键流[1]。

敞开门窗邀白云，

共析此中意何如。

之三——观海

老来不知万事休，

家国农事绕心头。

携杖出门向大海[2]，

水天一望何悠悠。

——2015年1月31日记于琼海涵虚草舍

---

[1] 我习惯以微机写作，指键之间情思交流。

[2] 从居所去海边有 20 分钟车程。

十四、《任继周文集》读后随想[1]

张子仪

溯　古

从狩猎到驯养是人类与自然和谐发展的一大进步。相传5 000年前的神农氏、伏羲氏是我国农业与畜牧业的创始人或氏族，但都没有留下足够的史料。如果承认在河姆渡遗址出土的碳化稻谷和木桨可以佐证当地住民在7 000年前已形成农业及渔业雏形的话，那么同期、同层出土的水牛头骨及祭祀用陶猪等文物也可旁证在新石器时代的杭州湾一带也曾是我国畜牧业发祥地之一。从河姆渡人到"三皇五帝"的几千年里，人、畜、草是怎么一种关系，只能凭神话作参考。一说"文王拘而演周易"，待考，盖非一人一时所完成。但从这本经典著作中，可以追溯到先哲们的唯物史观，如"天行健，君子以自强不息"[2]"地势坤，君子以厚

---

[1]　本文为张子仪院士为《任继周文集》撰写的跋。

[2]　《周易·上经·乾篇》。

德载物"[1]。"丰者大也。穷大者必失其居"[2]，以及"天生神物，圣人则之，天地变化，圣人效之"[3]等文字记载，都足以反映在大约公元前1000年以前的哲人已经意识到人类与自然之间存在着某种从属关系。但总起来说总是带有宗教色彩的尊重，敬畏多于对人与自然和谐发展的探索。一直到春秋初期老子（前571—前470）提出了"天之道，损有余而补不足"[4]"治人事天，莫若啬"[5]。是否可以理解为大自然会以丰补歉的，用不着杞人忧天，只要"去甚""去奢""去泰"[6]"知足"[7]"知止"[8]"法自然"[9]就可以了。一直到春秋后期，孔子（前551—前479）才提出了"钓而不网，弋不射宿"[10]；再往后他的传人孟子（前372—前289）又演绎为"数罟不入洿池，鱼鳖不可胜食也。斧斤以时入山林，材木不可胜用也……鸡豚狗彘之畜，无失其时，七十者可以食肉矣"[11]。如果把老子的生态文明观视为"顺天论"，那么孔子的观点应属于天人和谐发展观的萌动。庄子（前369—前286）稍晚于孟子，他提出了"天地与我并生，而万物与我为一"[12]的观点，他应是天人协调发展观的首倡者。据史料，庄子终身不仕，消极厌世，虽然留下了脍炙人口的哲理名言，乃至

1　《周易·上经·坤篇》。

2　《周易·序卦传·右上篇》。

3　《周易·系辞上传·右第十章》。

4　《老子·七十九章》。

5　《老子·五十九章》。

6　《老子·二十九章》。

7　《老子·三十三章》。

8　《老子·三十二章》。

9　《老子·二十五章》。

10　《论语·述而第七》，网或作纲，待考。

11　《孟子·梁惠王章句上》。

12　《庄子·齐物论》。

关心农事的论述，但毕竟是个属于务虚多于务实的逍遥派，更不能奢望他提出进一步的主张。荀子（前313—前238）是战国后期儒家的左派，他首次提出了"大天而思之，孰与物畜而制之？从天而颂之，孰与制天命而用之？望时而待之，孰与应时而使之？……故错人而思天，则失万物之情"[1]。这是继孔子之后大约又过了300年的事，荀子的传人韩非子（前280—前233）是秦始皇鼎盛时期法家的代表人物，可能是我国最早人口论的首倡者。他指出："古者丈夫不耕，草木之实足食也；妇人不织，禽兽之皮足衣也；不事力而养足，人民少而财有余，故民不争。是以，厚赏不行，重罚不用，而民自治。""今人有五子不为多，子又有五子，大父未死而有二十五孙，是以人民众而货财寡，事力劳而供养薄，故民争，虽倍赏累罚而不免于乱。"[2]据各种史料估计，当时在秦王朝版图内的人口仅有约1 100万人，不足21世纪初我国人口的1%，从供需关系分析，应该不至于出现人—畜—草之间的矛盾。韩非子提出如此见解的时代背景待考，盖与嬴政的横征暴敛有关。从老庄孔孟到韩非子大约经历了300年，他把问题提出来了，但只活了47岁便被李斯忌杀。不过能在当时对孔子提出的"不患寡而患不匀，不患贫而患不安"论是个挑战。从韩非子到汉武帝[3]大约又过了400年，张骞出使西域引进了汗血宝马和苜蓿，基本上是为了统治者政治的需要和战备的需要。再过600年左右，即前550年前后的南北朝，北齐无名诗人留下了"阴山下，天似穹庐，笼罩四野，天苍苍，野茫茫，风吹草低见牛羊"的诗篇。可以猜想当年中国北部的草原仍然是草畜两旺的景观。一直到元朝，有人认为，成吉思汗之所以有实力攻占欧洲是以中国西部草原为后盾的。此说

---

[1] 《荀子·天论》。师从待考。

[2] 《韩非子·五蠹》。曾与李斯师从荀子，始受嬴政重视，后为李斯忌杀。

[3] 汉武帝建元二年（前139年）命张骞出使大月氏、大宛、大夏等西域凡12年。

确否姑且不议，但从元廷颁布严罚"掘地者，烧草者"的政令[1]可以推想当时破坏草原已经引起统治者警惕的蛛丝马迹。据笔者20世纪末多次在伊克昭盟了解到的资料，明洪武二年（1369年）曾对鄂尔多斯草原有过几次"大开荒"。如果此说可信，真正的始作俑者应"归功"于朱元璋。明清以后的事未及细考，兹不赘述。

颂 今

《文集》[2]考证了"以粮为纲"的农业可能是班固《汉书·食货志》提出的"辟土植谷曰农"[3]思想体系的继续。班固曾批评司马迁论"是非颇谬于圣人"（圣人指孔子，班固与孔子对此问题有何分歧，待考）。1978年盛彤笙院士与先生曾向某报刊投稿过这类敏感问题的文章，结果被退稿打入冷宫[4]，在"早春二月，乍暖还寒"的政治敏感季节，提出这类问题不仅要有胆识，更主要的是媒体决策者是否能与之共鸣。在《文集》卷二中收录了此稿，值得一读。最近先生又和他的学生们发表了关于草地农业与我国食物安全问题的论述，讨论了科学的食物系统的变化趋势及营养体型农业等问题，值得品味。回顾在20世纪三四十年代东北、华北相继沦陷之后，出于战备、开拓大后方的需要，曾有过一次开发西北热，那是一场完全没有准备的行动。当时在畜牧界和盛老大体同龄的许振英教授曾疾呼："'东北事变'后，开发西北的口号一呼百应；有心人的念头，竟成为百万人的口头禅。凡谈开发西北者，必曰畜牧。于是铸

---

1 杜青林，《中国草业可持续发展战略》，中国农业出版社，2006年，第70页。

2 参见《文集》及任继周《草地农业生态系统通论》第2页（中国农业出版社，2004）。

3 《汉书·卷二十四上·食货志第四上》。

4 任继周，林惠龙，侯向阳，《发展草地农业 确保中国粮食安全》，《中国农业科学》，2007年，第40卷第3期，第614–621页。

成西北非畜牧不可，畜牧亦非西北不行的大错。前一点使政府不顾交通、政治、种族等阻碍，以及人事、技术上的缺欠，就毅然找一个漫无人烟之处开办牧场，恨不得将西北立刻繁荣起来。但畜牧的建树，既不能旦夕与社会脱离关系，畜牧的消用，亦惟社会是赖，故其结果，只是在边疆留一畜牧纪念而已。"[1]许振英教授的观点在当时学界具有相当的代表性。

纵观几千年的华夏文明史，对待草业的共性认识，大都是淘金战术，走的是既不断向自然摄取有序物质而又不断向自然"回报"无序物质的过程。如上所述，虽然许多先哲在人与自然之间的关系方面自觉不自觉地有过种种超前的生态文明观，但鲜见在如何引导"天—人—草—畜"界面上寻求可持续发展的共存共荣的战略与战术方面有深入探索。细品《文集》始终贯穿着一条主线，也是经过先生为代表的几代人的探索，形成的以统筹人与自然的和谐发展为目标，从十月怀胎、咿呀学语、步履蹒跚、披荆斩棘，才在阐明"天地生"共荣的大道上迈出了艰难的第一步。真是忆往昔来之不易，望未来任重道远。

《文集》以1950年由《畜牧与兽医》刊出的《快把西北草原工作搞起来》为檄文，以皇城滩调研为起点，相继从在草原顺序分类法、改良草原原理与实践、划区轮牧及生态学、评定生产能力的新指标的畜产品单位与草原生态化学的理论体系，到草原生产力评定方法、草原季节畜牧业理论、西南岩溶地区草地-畜牧系统可持续发展的技术体系、黄土高原区草地农业系统的发展模式、草坪研发的理论与技术体系，再到系统耦合与农业耦合系统理论与实践、草地农业生态系统的理论体系等诸多方面进行了全面整理。从宏观的视角看，它既是先生科学研究

[1] 许振英，《畜牧兽医月刊创刊号》，1940年；张仲葛，《老骥知途：许振英教授纪念文集》，中国农业出版社，1996年，第19–26页。

工作的历史轨迹，也是我国现代草业科学发展史的忠实记录。不仅是先生学术思想的集大成，而且也是长达半个多世纪的草业科学实践凝练的结晶。

据各方面业内人士估计，当前我国草原起码欠了上百年的生态赤字，在当前环境容量极其有限甚至负债的条件下，要想改观，一蹴而就是不可能的。必须清醒地认识到这将是一场持久战。胡锦涛同志曾指出："本世纪头20年，是我国经济社会发展的重要战略机遇期，……到2020年，……进入创新型国家行列……"[1] 21世纪公认的特征是知识经济时代。决策原则是"4W"[2]。"英雄造时事""时事造英雄"的问题先姑且不议。毋庸置辩，Who是关键。草业学会的发迹到《草业学报》《草业科学》《文集》的陆续问世，反映了我国草业科学界正处于人才济济、精英辈出、千载难逢的盛世。黎明已经到来。百年大计需要智睿，始终不渝需要信念，创新更需要艺术与科学的结合。榜样的力量是无穷的。《文集》既是宣传队，又是播种机。我确信《文集》将引领我国草业队伍在天人和谐、科学发展观的康庄大道上不负众望，争取在21世纪内开拓出一个我国创新型草业科学的范例出来。

期　盼

从某种意义上说，先生的一生是幸运的。机遇只垂青于有准备者。良好的家庭教育与师长们对他的教诲，使他练就了无私无畏的人生价值观，这是先生成才的外因。孟子留下的"天将降大任于是人也。必先苦其心志，劳其筋骨，饿其体肤，空乏其身，行拂乱其所为，所以动

---

[1] 胡锦涛2006年1月9日在全国科学技术大会上的讲话。

[2] "4W"即"What"问题的实质是什么，"Why"为形成原因，"How"如何解决，"Who"由谁来解决。

心忍性，增益其所不能"的格言，早已脍炙人口。先生在青年时期的逆境为他奠定了成才的基础。水深火热、食不果腹的少年生活，巩固了他以天下为己任的爱国主义责任感。良好的家庭教育又引导他从一个南开中学的高才生不考理工医却报考畜牧兽医专业，志在西北荒漠，以牛羊为伍，连当时的主考官都感到惊讶。名牌大学毕业之后，显示可以有多种选择，"幸运"的是他又邂逅我国盛彤笙教授只身在西北创办国立畜牧兽医学院时的招聘及恩师王栋教授的"呵护"，特意留校深造两年之后才被派往西北上任。这在当时离开"鱼米之乡"的首都——南京，奔赴穷乡僻壤的大西北又是一次多么难得的抉择，这是铁成钢的第一步。

"上善若水"[1]，有容乃大。古人云："已知之理而益穷之，以求至乎其极。至于用力之久，而一旦豁然贯通焉。"[2]这里提出了求知与创新的关系是以已知之理为基础，益穷其极是动力、是过程。先生学术思想的形成除了源于早期的王栋、中期的拉林、后期的西部草原与欧洲、美国、新西兰等的国际交流外，更主要是对草业的执着与热爱。创新需要激情，需要在灵境中的顿悟。先生在回忆对草原的感受时说："我喜爱草原，心里不论有多少乌云，一到草原，心胸就一片澄明，好像沉醉于另外一个世界，忘记了尘世的纷扰和阴霾，思想特别活跃。草原鲜明的容貌、她的困难、她的潜力，在我的脑际生动活泼，以各种角度显现。我的关于草原科学的重要学术思想，都是在草的具体环境中出现的。深感对科学的热情和对生产的熟悉是取得草原科学成就的前提。草原工作离开生产实际，将一事无成。"[3]开库勒发现苯环结构如此，阿基米德联想比

---

[1] 《老子·第八章》。

[2] 见《大学章句》。

[3] 《中国工程院院士自述》，第667-670页。

断弦谁与听

63

重原理也是如此，这是唯有过来人才可能有的人生感悟。

我真正接触中国草原是"文化大革命"后期被下放到青海以后的事。先生编著的《草原学》是我的启蒙教材。按理我和草业科学有过许多机遇，可惜我都走马观花、浅尝辄止过去。细嚼《文集》方觉相见恨晚。"文化大革命"后期，我从象牙塔被下放到柴达木盆地大约10年，个中细节可以写一本小说。但是盘点一下，真是无佳可陈。苦头吃了不少，但到现在我对此业依然是个白丁，悔之晚矣。

先生只长我半岁，大体上是同龄人，同年异地大学毕业，有着类似的家庭出身和社会经历，都是在流离颠沛、民不聊生的战火年代成长起来的。我敬佩的是他不仅在童年便树立起了先天下之忧而忧、后天下之乐而乐的以天下为己任的目标，而且能在漫长的逆境中始终不渝。他的人生无悔，不仅在于他的勤奋与自我定位，更主要的是对机遇的把握与坐"冷板凳"时的达观心态。拨乱反正后，我和他差不多前后从"阶下囚"进入政协，以后又被选为院士。在这个群体中，我和先生都属于"老、中、青"。前后16年，"高"处不胜寒。在同龄人中一个共同心态大概都是"往者不可谏，来者犹可追"。珍惜分秒，力图寻回失去的，效春蚕蜡泪，不负众望。环顾周围，由于种种原因，一个个老人还来不及清理"家底"便走了。留下的大部分是零散的遗愿或鲜为人知的遐想。难怪一部《石头记》中的"谜"会吸引那么多红学家们要执着地追个究竟。历史是一面镜子，科学需要历史，社会进步更需要历史。因为"镜子"无邪，它折射出的是真实的过去，是师者的足迹。我十分赞同编委会此举。经师易，人师难。孔子曰："三人行必有我师。"首先应向先生不顾褒贬、不忌"藏拙"、不怕"现丑"的坦荡胸怀——先生谦称之为"伟大时代的小记录"——表示敬佩。

我认为都是毫无雕痕的"精品"，是未完成的杰作。接受为《文集》撰"跋"之后，我断断续续花了一年多时间通读了《文集》和先生的有关专著、论文、自传乃至散文，基本上是在补课、是在学习。撰"跋"实在是班门弄斧，狗尾续貂。1996年曾为某报社写过先生著《草地农业生态系统通论》的书评，从那时起才认识到山外青山、楼外楼，一个"草"字竟有这么多学问。我期待着上千万字的《文集》的早日全部杀青、付梓。

十五、重读《草业琐谈》的体会[1]

张子仪

前年承继周学长赠《草业琐谈》雅玩。始浏览若干文章题目，"似曾相识"，即拟置于案首留作慢慢品尝。及通读全文，始悉此书乃是作者借题抒发其对祖国草业的情怀，并寄重托于后来者的呕心之作。全书边述边议，如数家珍；如与读者促膝谈心、叙旧；如一个过来人与老友在拉家常。真人、真事，"零距离"，字字句句落笔到位。是用真情歌颂小草与土地深层的合唱，是期冀新五行——"衣、食、住、行、生"的诗篇。

"老树"颂

在开章序一诗篇中，作者以"挥鲁戈""挟囊""带泥殁丛芜"的豪情来表达其宝刀不老的心态，是作者撰写《草业琐谈》的精神支柱。我可能就是序二《人生的序》（下简称《序》）的第一读者，当时我尚属进

---

[1] 本文为张子仪院士为《草业琐谈》撰写的跋。

入耄耋群体的"新生"，但已杂症缠身，似逢多"难"之秋。辄困惑于屈子问卜的心态。经常被元稹诗所云"昔日戏言身后意，今朝都到眼前来"的烦躁情绪所侵袭。《序》阅后，始惊讶作者竟能为同龄人悟出如此意境，飨以读者，胜似良药。

孔子只活了七十三岁，论年龄我和继周学长都长他几年。耄耋后应如何活法？或曰"加法"，或曰"减法"！无章可循。重温《序》后才发现自己正在人生的"序"中徘徊，一方面迷惘于耄耋后既要清理脑库中的垃圾，警惕坠入老生通病——经验主义的羁绊，同时还要时刻提防在复杂的社会环境中反应迟钝，坠入效颦、偷俗的"陷阱"。我十分敬佩作者对孔子主张的"七十从心所欲不逾矩论"的质疑与挑战，更赞赏他在耄耋之年仍能保持着王维在《老将行》中提出的"少年十五二十时，步行夺得胡马骑"的牛犊心态。自勉"忌空、忌松""不息而息"，达到"得失如拾贝"的意境，向"成荫惠人以爽"的"老树"精神致敬。

但事耕耘

孔子一生坎坷，出入曹、卫，困于陈、蔡，危于匡、宋，曾修《诗》《书》、正《礼》《乐》、序《周易》。虽然后人赞颂孔子"成《春秋》而乱臣贼子惧"[1]，半部论语治天下，但论著作，孔子在一部论语中未曾写过一个字，论"政绩"也比不上管仲、商鞅。尽管如此，一个"孔丘"，经历了秦始皇"焚书坑儒"，大约1个世纪之后才由汉武帝根据董仲舒的建议给予"平反"，以后经过唐、宋、元、明、清学派的离合，大约在2 000年后又遭到"五四运动""批林批孔"的冲击，几遭灭顶之灾。但孔子还是孔子，不为尧存，不为桀亡，迄今仍然被广大中华儿女

[1] 《孟子·滕文公章句上》。

崇为"至圣先师"，仍然是公认的华夏文化的集大成者。

晚近对孔子的学说有"国""儒"之争，有"家""教"之辩。类似"襄、南"[1]"社、资"之争，在此姑且不议。在《草业琐谈》"人""事""言"篇60多篇文章中都突出了一个"草"字。在我国，历来对"草"字一般是"贬"多于"褒"。脍炙人口的"风吹草低见牛羊"的诗篇也只不过是将原始的低级形式的畜牧业生产模式静态地理想化了。时至今日，这种生产模式无论是从以"道德"为理念的生态伦理观还是以"价值"为取向的生态经济观，都难以看出其科学发展观与生态文明观的内涵与外延及其可持续发展前景。《草业琐谈》中借助于大量纪人、纪事、纪言为"草"纠偏[2]，为"草"正名，为"草"寻根，是一把为"草"平反的号角。

《草业琐谈》从班固提出的"辟土殖谷曰农"到"以粮为纲"的狭隘农业观的嬗变，从"草"到"食"、从"词"到"义"，全方位地阐明了草业、草原、草地、草甸、草丛界面等词汇的来龙去脉，系统地介绍了国内外学界对相关词汇、术语的诠释与认知之后，认真地界定、"打磨"出了各种术语的科学内涵，提出了传统的草原学是研究草地作为饲用植物资源和放牧地与草原动物之间的界面行为，而草业科学则是研究草地、草原生态系统的全部农业化过程。不仅可使原来的草原学从单一的家畜界面向前延伸到地境—草丛界面；向后延伸到草畜—社会界面；从某种意义上甚至可以不"画地为牢"地面向山区、面向农区的大农业生产系统。这一理论不仅可作为解决我国西部草业中的种种问题的圭臬，也可以作为解决我国畜牧业与种植业之间如何从"有啥喂啥"向"种啥喂啥"、最终向"喂啥种啥"的大农业生产体系的升华，乃至为改变当前"草饲不分""粮饲不分""食粮不分"的模

---

[1] 顾嘉蘅（清南阳知府，湖北襄阳人）作联："心在汉室，原无分先主后主；名高天下，何必辩襄阳南阳。"

[2] 《草业琐谈·草业科学源头浅说》，第107-111页。

糊认识提供决策参考依据。这是《草业琐谈》的功绩、潜能，也是播种后的耕耘之作。

雄关漫道

不以成败论英雄。《草业琐谈》是半个世纪以来我国草业科学研究成果的缩影，也是一面镜子。前事不忘，后事之师。不论是成功的还是失败的，只要客观地、认真地去总结，无疑都会使人们聪明起来的。

继周学长曾师从王栋[1]先生。当年是王栋先生受盛彤笙先生[2]之托，送继周学长赴西北主动参与创业的。王栋先生早年负笈英伦，是引进英国草原学大师 William Davies（1899—1968）"土—草—畜三位一体"理论第一人，他在这一核心上开展了中国草原科学学术之旅。王栋先生在其学术专著中都曾提出过"草原、畜牧、种植三业结合，与种植业、养殖业的耦合思想"。惜王栋先生英年早逝，留下了"出师未捷身先死"的遗憾。作者评其功绩："是中国草原科学之大跨越，是我国草原学的奠基人。"[3]

认真品读《草业琐谈·纪人篇》中人物可见，作者是用毕生的精力通过试验与检验，论述了大量古今中外草业方面的政要、大师与先驱们

---

[1] 王栋（1906—1957），1940 年获英国爱丁堡大学博士学位，曾执教于西北、中央、南京农学院。著《牧草学通论》（1950 年）、《草田轮作的理论和实施》（1953 年）、《草原管理学》（1955 年）等专著。

[2] 盛彤笙（1911—1987）我国畜牧兽医学的教育家，1938 年获德国汉诺威医学院兽医学博士学位。1946 年创建我国第一所国立兽医学院，盛老礼贤下士，广集许绶泰、廖延雄、陈北亨、谢铮铭、杨诗兴、郑集、朱宣人、路葆清等海归教授。1955 年当选为中科院学部委员（院士）。1957 年被错划右派，平反后历任全国人大代表、全国政协委员，著述等身。

[3] 引自《草业琐谈·纪人篇·怀念中国草原学奠基人王栋》，第 39—45 页。

的真知灼见之后才总结出了以"四个生产层、三个界面耦合"[1]为纲的草地农业生产系统的理论体系[2、3]。这不仅是继周学长引领其团队经过几代人的钻研、实践、检验后的集大成，而且是我国草业科学发展史上迈出的艰难的一步，应作为草业基础理论载诸史册。

这里还要指出的是，《草业琐谈》不仅是要为"草业"正名，而且是要通过以纪实的方式表述中国草业史中发生的大事，见证人们的辩证唯物史观。《草业琐谈》客观地记录了我国草业科学从咿呀学语、蹒跚起步，到盲目"挺秸"[4]"禁牧"[5]，向"围栏""轮牧"的改革过程；从"庐山办班"[6]到"两个一号文件"[7、8]的跨越；从作者与钱学森一席谈[9]到农业部《中国草业可持续发展战略》[10]的出台，几度起伏跌宕，经历了将近40年的历练。难怪作者在《草业琐谈·纪事篇》中感叹"不容易啊，多少时光、多少资源和多少代人的艰苦跋涉，才换来今天的大跨越"。但是，文件、战略、巨著都应该是万里长征的起步，是启动草业的良好开端，

---

[1] 四个生产层：前植物生产层、植物生产层、动物生产层、后生物生产层。三个界面：草丛—地境界面（A），草地—动物界面（B）和草畜—经营界面（C）。引自任继周，《草业系统中的界面论》，《任继周文集第三卷：草业系统耦合与生态生产力》，中国农业出版社，2007年，第484-491页。

[2] 任继周，《草地农业生态系统通论》，安徽教育出版社，2004年。

[3] 张子仪，《跋：任继周文集读后随想》，《任继周文集第三卷：草业系统耦合与生态生产力》中国农业出版社，2007年。

[4] 详见《草业琐谈·纪言篇·从秸秆说起——兼及牧草、饲草、刍草》，第242-245页。

[5] 详见《草业琐谈·纪言篇·切勿轻言禁牧》，第177-181页。

[6] 《草业琐谈·纪事篇·全国草原科学高级讲习班杂记》，第103-106页。

[7] 详见《草业琐谈·纪言篇·一号文件（2005）的草业感悟》，第210-211页。

[8] 详见《草业琐谈·我国农业认知的大跨越——喜读2007年一号文件》，第238-241页。

[9] 详见《草业琐谈·纪人篇·纪念钱学森先生》一文中，关于继老在1985年民族饭店中国草原学会与中国农经学会联合召开的草业问题研讨会上与钱学森邻座的对话，在第五、六、七届全国政协上提出政府部门应设相应草业机构的提案后次次落空，以及继老、盛老合署文章被某报退稿等史实。

[10] 杜青林，《中国草业可持续发展战略》，中国农业出版社，2006年。

是万里长征前的檄文。邓小平同志在1983年曾指出"农业文章很多，我们还没有破题"[1]。草业是否已经破题，我是门外汉，不敢妄加评论。无疑，前面还有雪山、沼泽乃至伏敌。革命尚未成功，同志仍需努力！

从头越

《草业琐谈》是一部不是草业大百科书而胜似草业大百科书、不是中国草业史而胜似中国草业史的入门著作。其跨度涉及古、今、中、外，政、经、文、史，科、社、理、化，诗、词、谚、俚，衣、食、住、行，天、人、地、气，乃至涅槃轮回等方面，是近代草业科学的集大成，是获得"草人"资格的开卷考试试卷提要。惜在当前我国几十亿亩草地上，亩均还摊不上万分之一个"草人"。实在是路漫漫其修远，急需要有合格的"草人"去"上下而求索"，实实在在地去做坚苦细致的工作。愿愚公的子子孙孙努力，把这个持久战打到底。

---

1 邓小平，《要大力加强农业科学研究和人才培养》，《邓小平文选》第三卷，人民出版社，1983年，第22–23页。

十六、祝贺禾丰牧业成立20周年大会胜利召开

张子仪

同行们：

大家好！

首先我想以饲料行业中一个老兵的名义，祝贺禾丰牧业成立20周年大会胜利召开。

禾丰牧业是我国饲料行业的后起之秀，回顾30年，大家都有过成功的喜悦，也接受过这样、那样令人烦恼的教训。历史是一面镜子，"前事不忘，后事之师"。我希望这次盛会开成一个既是庆功会又是新世纪长征前的战略研讨会。

中华人民共和国成立初期，全国GDP仅1 000亿元，人均口粮仅100千克/年。1983年，邓小平同志就提出："农业文章很多，我们还没有破题。"[1]后来又指出："饲料是个很大的行业，要作为工业来办。""七五"到21世纪初，是我国饲料工业和养殖业迅猛发展的盛世。2005年是高峰，全国人均肉、蛋、奶占有量分别达到58千克、22千克和22千克，比改革开放初期增长了6～10倍。

---

[1] 摘自《邓小平文》选第三卷，第23页。

两年前，习近平主席提出了"一带一路"[1]的理念和倡议。这意味着将有大量的机遇等待我们去开发利用。首先，必须在大好机遇前更新观念，不是去"发洋财"，而是着眼当前、放眼世界、为国分忧、为民解难。在《国家中长期科学和技术发展规划纲要（2006—2020年）》提出的"自主创新、重点跨越、支撑发展、引领未来"的纲领指引下，把我国饲料工业再进一步引向世界，做强做大，更上一层楼。

科学技术是第一生产力，人力资源是最活跃的生产要素，具有可无限开发性与可再生性。党的十七大提出的生态文明观[2]已成为全球共识，这也是禾丰牧业宗旨中指出的"道"[3]。毋庸讳言，沿着"一带一路"，在不同民族、不同国家、不同时空条件下各有其"道"，只有经过政治的、经济的、文化的交流磨合才有可能逐步趋同。孔子曰"大道之行也，天下为公"中的"道"是经典释意。在中国传承了大约2 500年，从"大同"观看"道"会有"异"，但总的格局是趋同的。

我国自古以来孔孟尚义，义利对立，但大都崇儒重诚信，有些人则以"儒商"自诩。"商"是社会科学中不可或缺的重要学科，但长期以来被冠以"奸"字是有悖于社会发展的。21世纪是"知识经济世纪"，

---

[1] 习近平主席2013年9月7日在哈萨克斯坦借用"丝绸之路"的历史称号，首次提出充分依靠中国与有关国家既有的多边机制及行之有效的区域合作平台，共建政治、经济、文化的利益、命运和责任共同体的"丝绸之路经济带"。2013年10月3日，习近平主席在印度尼西亚提出共建"21世纪海上丝绸之路"倡议。

[2] "生态文明（Ecological Civilization）观"一说是以道德（Ethics）为核心的"生态伦理（Ecological Ethics）观"与以价值观（Values）为取向的"生态经济（Ecological Economy）观"的耦合。

[3] 道：在历史上关于一个道字的论述可以等身。《易经》指出："形而上学谓之道，形而下学谓之器。"孔子在《论语·卫灵公章句》中指出"君子不器"，但他又在《论语·为政章句》中指出："工欲善其事，必先利其器。"荀子是孔孟传人中的革新派，他曾在《荀子·解蔽篇》中指出："精于物者物物，精于道者兼物物。"言简意赅，是现代整体论（Holism）与还原论（Reductionism）的核心观点的耦合。道、物、器、工四个字在特定时空状态下的"耗散结构"度，千变万化。故老子曰："道可道，非常道。"既有解也无解。

其特点是技术更新换代速度快，乱而多变，无标可规，无章可循。这便需要在乱中寻找其科学规律。习近平主席指出"科学技术是世界性的、时代性的，发展科学技术必须具有全球视野"。同时又指出："地球上的物质资源必然越用越少，以大量耗费物质资源的传统发展方式显然难以为继。"因此，沿着"一带一路"走出国门前，不仅希望禾丰牧业需要一大批招之能来、来之能战、战之能胜的团队；同时还希望禾丰人能以4R[1]为行动指南，再现当年"敦煌""丝绸之路"的辉煌。这是21世纪知识经济时代商人的风范，也应是禾丰人在未来征程中的终极目标。无疑在前进的道路上会有许多艰难险阻，这将是又一次万里长征。

禾丰企业宗旨中突出了"道""德""仁""艺"四个字，这是时分时合的一个整体的四个方面，也是禾丰人酌古御今、与时俱进的合理选择。最后渴望禾丰人能乘"一带一路"倡议的东风，"下好先手棋，打好主动仗"[2]；能有判断洋为中用不唯洋、古为今用不唯古的睿智；有在竞争的征程中能找准切入点，"弯道超车"[3]的冠军意识；有开发出"你无我有，你有我优"[4]业绩的巧实力；在"仁者无敌"[5]团队的合力奋斗下，不断探索双赢之路，开辟新天地。这是为"两个一百年"[6]引领未来、夯实基础的需要，也是为给子孙后代少留些麻烦，"实现中华民族伟大复兴历史使命的需要"[7]。

最后祝贺大会圆满成功。

---

[1] 4R：Reduce（减量化）、Reuse（再利用）、Recycle（再循环）、Recovery（再回收）。

[2] 引自习近平同志2014年6月9日在两院院士大会上的讲话。

[3] 引自习近平同志2014年6月9日在两院院士大会上的讲话。

[4] 引自王选，《一座自主创新的丰碑》，《科技日报》，2006年2月14日。

[5] 仁者无敌：仁，《说文解字》的释义是"亲也，兼爱"。仁者无敌语出《孟子·梁惠王章句上》。

[6] 引自习近平同志2014年6月9日在两院院士大会上的讲话。

[7] 引自习近平同志2014年6月9日在两院院士大会上的讲话。

和卫东先生《创业感怀》有感

张子仪

上联：几个弄潮儿，共襄盛举，笑傲大潮汹涌，

落子华夏南北，热血无悔写春秋。

下联：廿年禾丰梦，涅槃浴火，主战白山黑水，

遍迹五洲四海，光明磊落话沧桑。

横批：再接再厉

2015年4月24日

创 业 感 怀

金卫东

一九九五春意盎，七子奋然启新航。

十八英才缤纷至，五十俊杰比肩王。

正当那时少年狂，大潮汹涌起八荒。

康乐平庸非吾志，地覆天翻谱新章。

师出有名行有纲，禾丰宣言字铿锵。

矢志创新谋发展，诚实劳动兴家邦。

白山黑水主战场，锋芒所向谁敢挡。

厉兵秣马整三载，壮志凌云再扩张。

落子如飞布局忙，西北华北沿长江。

相继齐鲁并中原，次第南亚与平壤。

二零零三斗志旺，誓做顶级饲料商。

攻城略地号角急，开疆拓土雄心强。

共襄盛举觅贤良，五洲四海寻同党。

结盟荷兰德赫斯，中西合璧相得彰。

主板上市路漫长，坚守原则与理想。

凤凰涅槃浴火生，鲲鹏展翅扶摇上。

六畜兴旺民泽广，五谷丰登国运昌。

见利忘义皆宵小，光明磊落每担当。

廿年风雨织霓裳，万里神州已新装。

热血无悔写春秋，人间正道是沧桑。

2015年4月24日

十七、我国动物营养与饲料科学的铺路人
——记中国工程院院士张子仪

中国农业科学院北京畜牧兽医研究所

在动物营养与饲料科学领域，每当提起中国工程院院士张子仪，业内人的敬佩之情都会油然而生。

应召归国，人生无悔之起步

张子仪院士于1948—1952年在日本京都大学农学部研究生院攻读反刍动物营养学。当时日本滋贺县武奈岳南麓出现的耕牛"异嗜厌食症"，一度被误诊为"氟中毒"。张子仪通过微量元素钴对瘤胃微生物放线菌的消长规律分析，排除了"氟中毒"说，认定该病可能是由于缺乏钴而引起的恶性贫血症。他深入农户，与当地农民建立了良好的合作关系。翌年获悉有耕牛相继发病，他及时配制钴剂，奔赴现场诊救，使大批耕牛康复，受到校方及当地政府的表彰。反刍动物的钴缺乏症在20世纪50年代的国际动物营养学界尚属前沿性课题，在日本是继澳大利亚和美国等国之后的新案例，是颇具"挑战性"的科研项目。此时正值新中国成立初期，国内百废待兴、人才奇缺，在祖国建设的召唤下，他克服种种障碍，历时1年，1952年8月终于取道香港回国。

多年后他回忆说:"从个人得失出发,即使继续留在国外,不过平添个'博士'头衔,社会地位、个人生活条件会好一点,但不可能有更大作为。"祖国的召唤使他决定重新设计自我,报效祖国,"以慰千万同龄人或冤死敌狱或捐躯疆场者在天之灵。此乃人生无悔之起步"。

上下求索,坚守学者准则

从新中国成立初期到改革开放的30年,全国范围内饲料资源紧缺,而我国动物营养与饲料科学则长期处于先天不足、后天多难、政治运动频繁、泡沫科学成果此起彼伏的历史时期。张子仪始终恪守科学工作者的基本准则,探索科技兴牧之道。他蹲点跑面,奔波于晋、鲁、豫之间,主持推广收获后玉米秸秆青贮技术,解决了部分农区冬春耕牛青黄不接时的饲草问题。1954—1955年,在各种媒体大量浮夸宣传用砻糠(稻壳)喂猪效果好的复杂社会背景下,他接受农业部和粮食部下达的任务,领导工作组在媒体报道"砻糠喂猪效果最好"的浙江某县农场现场进行了严格的饲养试验,并经京、浙两地农科所协作,进行了为期2年的各种消化、饲养试验,证实"用稻壳喂猪不仅无饲用价值,而且成本高,喂得愈多猪长得愈慢"。但事态并未因此次验证而被控制,张子仪反而经历了被控告、诬陷的磨难,后经农、粮两部组成的工作组内查外调、澄清事实才幸免于难。由于种种历史原因,"砻糠喂猪问题"一直到拨乱反正后才由政府明文禁止,浪费了人力、物力、电力,损耗长达20年之久。

20世纪50年代,全国粮食统购统销,养猪主要依靠青、粗饲料,张子仪主持了国产饲料资源普查及开发利用项目。他受中国农业科学院畜牧研究所领导的委托,于1958年在北京组织召开了首届饲料营养价值评定座谈会,首次在全国统一了饲料样品采集、制备规范及《暂行饲料分析方法》,以及有关执行方案,统一了全国饲料营养价值评定科研规划，翌年出版了第一部《国产饲料营养成分表》。1962年到"文化大革命"，他主要着力于饲料营养价值评定方法的研究，对经典评定方法存在的理论与实践问题提出了挑战。但在"四清"运动中，该研究以"黑项目"为由被批判后中断。

蹉跎岁月，不挠拳拳报国心

"文化大革命"后期，张子仪被下放到青海省海西蒙古族藏族哈萨克族自治州农牧局工作。尽管条件艰苦，但他仍然深入生产第一线，努力为当地的畜牧业发展服务。

柴达木盆地地处高寒，养猪生产技术落后、猪的死亡率高，市场所需猪肉多靠内地供应，运费高、损耗大。1976年，根据组织安排，张子仪在乌兰县宗务隆公社筹建集体猪场，推广科学养猪。他白手起家，经历了重重困难，首次在该公社建成了猪—肥—粮良性循环的示范猪场，为当地市场供应鲜肉，获得了各界赞赏。拨乱反正后，时任兰州军区政委的谭启龙曾亲临现场视察，与他交谈甚笃。事后青海省将他作为知识分子与群众"三同"的科技工作者典范在全省宣传其先进事迹。1979年，他被选为海西蒙古族藏族哈萨克族自治州政协委员和青海省人大代表，在政治上翻了身。

张子仪在下放柴达木盆地的9年里，利用各种可能获取信息的渠道关注国内外科研动态。"文化大革命"期间，他千方百计抢救、保存了新中国成立以来由他组织领导的有关饲料营养方面的全国协作科研原始资料。在基层领导的理解和支持下，他利用算盘、巴罗表等传统手段，整理、勘校、筛选印发了《国产饲料营养成分表》，供全国同行参考。1979年中国农业科学院畜牧研究所恢复建制后，通过"六五"期间农业部重点攻关项目开展全国大协作，及时地补充、更新并出版了《中国饲料成分及营养价值表》，为我国早期饲料工业在起步阶段设计饲料配方提供了急需的第一手科研参数。该项工作1985年获得国家科学技术进步奖二等奖。

披荆斩棘，从头收拾旧山河开创新事业努力赶上时代步伐

1979年，张子仪重新回到中国农业科学院畜牧研究所，时年已逾半百。面临着山河依旧、百废待兴、满目疮痍、团队思想混乱的现状，困难可想而知。张子仪常以"忍、韧"二字勉励自己，一切从头开始。他以极大的毅力，逐步"收回"被挪用的实验室，填补人才断层。1980年，全国畜禽营养研究会成立，他被选为秘书长，他团结务实的作风和关心学科发展的精神获得了同行的赞许。在此后的12年间，他先后被选为该会秘书长、常务副会长、会长和名誉会长。1989年，在我国动物营养科学奠基人许振英教授的倡导下，张子仪积极策划、筹措经费、稿源，创办了《中国动物营养学报》，并获评全国中文核心期刊及《CAJ-CD规范》执行优秀期刊。花甲之年，他被国家技术监督局聘为全国饲料工业标准化技术委员会副主任委员，先后主持或参加完成了《中国饲料工业标准体系表》《饲料工业原料标准》《饲料工业卫生标准》《饲料添加剂标准》等国家、行业、地方系列标准的研制、起草、发布、宣贯等工作。他主持或参加完成的饲料工业标准达到当时饲料工业标准总数的一半以上，为我国饲料工业的健康发展、产品质量及监督检验制度的完善开创了良好的开端，结束了我国饲料工业无标生产的历史。

创新技术再接再厉重操旧业，苦练内功迎挑战

20世纪末是我国科研成果信息化管理体系亟须完善的关键时期。为了与国际接轨，张子仪在加强团队建设的同时，也以努力学习、不断提高

自身业务水平的责任感，不断"充电"。为了保证全国一盘棋，避免瞎指挥而造成低水平重复浪费，他利用现代化信息管理软件，根据国际饲料分类法原则，结合中国国情，提出了"中国饲料分类法及编码系统"。1983年，他主持了"国务院大型集成线路及电子计算技术振兴办公室"下达的"饲料数据库及优化猪鸡饲料配方软件开发"的任务，经与中国农业科学院情报研究所和计算中心联合攻关，启动了中国饲料数据库情报网中心的全国性协作网建设。1986年，经农牧渔业部批准，中国饲料数据库情报网中心正式成立，挂靠在中国农业科学院畜牧研究所。"七五"期间，张子仪争取到了国家攻关项目"饲料原料标准及监测技术""中国饲料数据库"任务，在全国31个协作单位的理解与支持下，从采样、制样、描述到测试方法、数据处理全部按计算机技术要求格式化。项目验收时，既完成了内贸部下达的国家攻关项目任务，又将新的科研参数补充到原饲料数据库中，使库存整体信息质量得到了更新换代，实现了饲料营养研究成果信息的现代化管理。截至目前，该中心已连续19年向全国发布《中国饲料成分营养价值表》的最新版本。随着计算机技术水平的不断更新换代和参数的吐故纳新，目前，根据新参数配套推出的第七代优化饲料配方软件已通过各种形式在全国推广，为计算机技术在我国现代畜禽养殖业及饲料工业中的普及应用创造了条件。正是由于包括张子仪在内的畜牧兽医界几代人的努力，我国饲料工业才从无到有，到21世纪初产品总产量已跃居世界第二位。20世纪90年代以后，历年总体产品合格率达到90%以上。与此同时，肉、蛋、奶的总产量也是改革开放前的8～10倍，近30年来敞开供应，物价平稳，结束了我国畜产品短缺的历史。

老骥伏枥，小车不倒只管推

20世纪末期，特别是加入世界贸易组织以来，畜产品的质量与安全问题引起了社会各界的高度关注。面对新的形势，张子仪院士虽已进入耄耋之年，但仍潜心钻研自然辩证法与科学技术发展史，认真学习科学发展观与生态文明观。凭借自身的国学基础，他以不断自我否定之心态，介绍先秦诸子的生态文明观，与青年学子们共同探索新问题，交流学习心得体会，不断推陈出新。近10多年来，每年他都应全国各地大专院校的邀请，作关于人文社会科学与自然科学的交叉融合、"科学学"与"科学主义"的包容、生态伦理与生态经济的共性与价值取向，以及科研人才建设与团队凝练等方面的心得报告，引导新生力量重视未来动物营养与饲料科学如何与边缘学科，如品种改良、环境卫生、应激免疫等专业领域之间交融，以拓宽研究领域、探索新的技术途径。

针对我国规模养殖业中长期被忽视的"应激"问题，他提出了一系列根治策略与建议。他认为，规模健康养殖应在查明"应激源"研究方面加强力度，破译"兽语""鸟语"，通过建立应激预警系统，减缓乃至消除"应激源"是根治"应激"之上策。他提出了疫病防治要从"防重于治"到"防养并举"转向"养重于防"打"持久战"的观点。早在15年前"应激"问题初现端倪之际，他在没有经费来源的情况下，多方"化缘"，甚至以"举债"的方式向企业筹措经费，与他的助手们克服种种困难、同心同德，在国内首次设计建成了系统研究"应激源"的第四代"畜禽代谢人工气候舱"。关于农牧结合问题，他也提出了要从"有啥喂啥""种啥喂啥"向"喂啥种啥"过渡的循环经济观。

目前，在全国范围内，一支多学科联合攻关的团队正在形成。他工作多年的实验室也于1990年经农业部批准，成为农业部动物营养代谢重点实验室，2005年又升级为动物营养学国家重点实验室。为了争取我国科技资源的高效利用，他排除条块分割的限制，促成了中国农业科学院畜牧研究所与中国农业大学动物科技学院强强联合共建的长期合作机制，迄今保持着良好的合作关系。2007年，新建的实验室在中国农业科学院昌平基地竣工。在他和助手们的共同努力下，第五代"畜禽代谢人工气候舱"已经通过软、硬件调试验收，预计该套设备全面正常运转后将成为全国同行科技资源共享、为自主创新服务的新平台。

甘为人梯，为交接棒不遗余力

古稀之后的张子仪院士利用一切可利用的机会，苦口婆心地呼吁作科学研究既要敢于创新，也要苦干、实干加巧干；要洋为中用但不唯洋，要古为今用但不唯古；要从国民经济当务之急与可持续发展的需要出发，选题要看四步棋。他在饲料养分生物学效价评定的理论方面提出了要彻底批判传统的无视饲料"组合效应"、无视动物正常生理、无视动物应激、以偏概全的形而上学测试方法、理念。要珍惜国家有限的科技投入，要避免重复浪费，特别强调要杜绝制造科技"垃圾"。在研究畜禽营养需要量体系问题上，他倡议：要立足国情国事，从不同自然区域的生产实际出发，不能以"国家标准"的形式固化在一个模式上。由他与学生们组成的老中青团队开发出的"单胃动物仿生酶水解系统"已申请专利，并与广东温氏集团签约，共同开发下一代产品。预计全面完成后，不仅可使我国饲料有效能评定工作的效率提高数十倍，而且可以避免用传统理论与方法评定饲料生物学效价时所产生的种种流弊、缺陷。

作为我国当今饲料营养科学的继承人、领军者和我国饲料工业及现代化养殖业的主要铺路人之一，张子仪院士晚年仍应邀为有关农业、技监、贸易、科技、环保等部委的科技咨询项目担任顾问，献计献策，并获有关国家职能部门、省、市、学会、协会及院校等的各种荣誉和奖励。张子仪院士平易近人、为人厚道、生活俭朴、助人为乐。他经常和青年学子们进行交流，到邀请单位与师生们交流学习心得体会，以演讲

断弦谁与听

84

深入浅出、条理清晰而素享盛誉。他十分注重自身的知识结构改造，特别强调老人要警惕"好为人师""倚老卖老"的经验主义，要经常自我反省，不断否定自我。"蜡炬成灰，犹可护花""废物利用"是他作为资深专家的座右铭。

2019年

张子仪院士主要论著

张子仪，1961. 关于猪饲料营养价值评定方法的讨论 [J]. 中国农业科学 (9)：47-51.

张子仪，1979. 对猪鸡饲料营养价值评定方法中若干问题的商榷 [J]. 中国畜牧杂志 (2)：27-32.

张子仪，1981. 应用回归分析评定鸡饲料表观代谢能的研究 [J]. 畜牧兽医学报，12(9)：223-229.

张子仪，1985. 对鸡饲料的代谢能值测定方法中若干问题的建议 [J]. 中国畜牧杂志 (5)：3-7.

张子仪，1985. 中国饲料成分及营养价值表 [M]. 北京：农业出版社.

张子仪，1986. 猪饲料消化能值的离体测定方法及其生物学试验根据 [J]. 中国畜牧杂志 (1)：5-9.

张子仪，1990. 试论我国饲料工业标准化及存在的问题 [J]. 中国饲料 (1)：39-43.

张子仪，1993. 规模化畜牧业排污问题应及早治理 [C]// 佚名 . 中国家畜环境研究会第四届家畜环境科学讨论会论文集 . 北京：中国农业科技出版社：119-123.

张子仪，1993. 近红外光谱分析技术（饲料质量检验）[M]. 北京：中国农业大学出版社.

张子仪，1997. 从生态文明看我国畜牧业可持续发展之路 [J]. 国外畜牧科技 (1)：2.

张子仪，1999. 试论我国饲料工业入关前后面临的挑战 [J]. 中国工程科学，1(1)：88-93.

张子仪，1999. 再论我国21世纪饲料资源短缺问题的对策 [J]. 中国农业科技导报 (2)：26-30.

张子仪，2000. 从我国人民膳食结构演变谈三元结构农业的内涵性改造 [J]. 中国工程科学，2(2)：18-22.

张子仪，2001. 从"2116"食物安全工程展望我国畜牧业的可持续发展模式 [J]. 动物科学与动物医学，18(7)：1-6.

张子仪，2001. 试论我国饲料工业的标准化工作及其产品的安全性管理问题 [J]. 中国工程科学，3(7)：30-35.

张子仪，2001. 中国饲料学 [M]. 北京：中国农业出版社

张子仪，2006. 对家禽饲料代谢能值评定方法中若干误区的探讨 [J]. 动物营养学报，18(1)：1-5.

张子仪，2012．我国动物营养研究的内涵性革新与外延性拓展[M]//刘建新．动物营养研究进展．北京：中国农业科学技术出版社．

Zhang Z Y，1953．Studies on importance of trace elements in farm animal feeding．I．On the trace elements in the soil，river-water and roughage in the district of Komatsu, Shiga perfectrue，which is noted for the appearance of the 'kuwazu-disease' [J]．Bulletin of the Research Institute for Food Science，Kyoto University．

Zhang Z Y，1953．Studies on importance of trace elements in farm animal feeding．II．About the effect of the addition of iron, cobalt and fluorine to the agar on the propagation of the actiomyces[J]．Bulletin of the Research Institute for Food Science，Kyoto University．

Zhang Z Y，1992. Concept model of function of the Chinese feed database management system[J]. Proceeding of IFAC work shop on expert systems in agriculture International Federation of Automatic Control 2nd Announcement.

断弦谁与听

图书在版编目（CIP）数据

断弦谁与听/中国农业科学院北京畜牧兽医研究所编．—北京：中国农业出版社，2024.4
ISBN 978-7-109-31945-5

Ⅰ.①断…　Ⅱ.①中…　Ⅲ.①张子仪－传记－画册
Ⅳ.①K826.3-64

中国国家版本馆CIP数据核字（2024）第086654号

中国农业出版社出版

地址：北京市朝阳区麦子店街18号楼
邮编：100125
责任编辑：周晓艳
责任校对：吴丽婷
印刷：北京通州皇家印刷厂
版次：2024年4月第1版
印次：2024年4月北京第1次印刷
发行：新华书店北京发行所
开本：787mm×1092mm　1/16
印张：6
字数：110千字
定价：88.00